SHORT STORIES in WELSH

for Beginners

Read for pleasure at your level and learn
Welsh the fun way!

OLLY RICHARDS

Series Editor
Rebecca Moeller

Development Editor
Christine Jones

Translator
Eiry Miles

First published by Teach Yourself in 2024
An imprint of John Murray Press

This paperback edition published in 2024

3

Illustration by D'avila Illustration Agency / Stephen Johnson (2019)

A CIP catalogue record for this title is available from the British Library

Paperback ISBN 9781399813938
ebook ISBN 9781399813945

Typeset in ITC Stone serif std/10.5 by Integra Software Services Pvt. Ltd., Pondicherry, India

Printed and bound in Great Britain by Clays Ltd, Elcograf S.p.A.

John Murray Press policy is to use papers that are natural, renewable and recyclable products
and made from wood grown in sustainable forests. The logging and manufacturing processes are
expected to conform to the environmental regulations of the country of origin.

John Murray Press
Carmelite House
50 Victoria Embankment
London EC4Y 0DZ

Nicholas Brealey Publishing
Hachette Book Group
Market Place, Center 53, State Street
Boston, MA 02109, USA

The authorised representative in the EEA is Hachette Ireland,
8 Castlecourt Centre, Dublin 15, D15 XTP3, Ireland
(email: info@hbgi.ie)

www.teachyourself.com

John Murray Press, part of Hodder & Stoughton Limited
An Hachette UK company

Contents

Don't forget the audio!

Listening to the story read aloud is a great way to improve your pronunciation and overall comprehension. So, don't forget – download it today!

The audio that accompanies this course is available to purchase from readers.teachyourself.com and to download to the accompanying app.

To get 50% off the audio follow the instructions below.

1. Visit https://readers.teachyourself.com/redeem
2. Enter **audio50** and select 'Apply'.
3. Choose your audio titles.
4. Proceed through account creation and payment.

Bonus Story

As a special thank you for investing in this book, we would like to offer you a bonus story – completely free!

To redeem the free bonus story follow the instructions below.

1. Visit https://readers.teachyourself.com/redeem
2. Enter **bonus4u** and select 'Apply'.
3. Choose your audio titles.
4. Proceed through account creation and payment.

TRACH, Y DDRAIG

About the Author

 Olly Richards, author of the *Teach Yourself Foreign Language Graded Readers* series, speaks eight languages and is the man behind the popular story-based language learning blog *StoryLearning.com* and YouTube channel of the same name.

Olly started learning his first foreign language at age 19, when he bought a one-way ticket to Paris. With no exposure to languages growing up, and no special talent to speak of, Olly had to figure out how to learn a foreign language from scratch.

Fifteen years later, Olly holds a master's degree in TESOL from Aston University as well as Cambridge CELTA and DELTA, and is regarded as an expert in language learning techniques. He also collaborates with organisations such as the Open University and the European Commission, appears regularly across media worldwide and runs one of the fastest-growing YouTube channels on language learning.

Olly started the *StoryLearning* blog in 2013 to document his latest language learning experiments. His focus on learning languages through story has transformed the blog into one of the most popular language learning resources on the web. Olly has always advocated that reading is one of the best ways to improve your language skills and he has now applied his expertise to create the *Teach Yourself Foreign Language Graded Readers* series. He hopes that *Short Stories in Welsh for Beginners* will help you in your language studies!

For more information about Olly and his blog,
go to storylearning.com.

For more information about other readers in this
series, go to readers.teachyourself.com.

Introduction

Reading in your target language is one of the most effective ways for you to improve language skills and expand vocabulary. However, it can sometimes be difficult to find engaging reading materials at an appropriate level that provide a feeling of achievement and a sense of progress. Most books and articles written for native speakers can be too long and difficult to understand or may have very high-level vocabulary so that you feel overwhelmed and give up. If these problems sound familiar, then this book is for you!

Short Stories in Welsh for Beginners is a collection of eight unconventional and entertaining short stories that are designed to help high-beginner to low-intermediate-level Welsh learners* improve their language skills. These short stories have been designed to create a supportive reading environment by including:

➤ **Rich linguistic content in different genres** to keep you entertained and expose you to a variety of word forms as well as many of the most common words in the Welsh language.

* Common European Framework of Reference (CEFR) levels A2–B1.

➤ **Interesting illustrations** to introduce the story content and help you understand what happens.
➤ **Shorter stories broken into chapters** to give you the satisfaction of finishing the stories and progressing quickly.
➤ **Texts written at your level** so they are more easily comprehended and not overwhelming.
➤ **Special learning aids** to help support your understanding including:
  ✦ *Summaries* to give you regular overviews of plot progression.
  ✦ *Vocabulary lists* to help you understand unfamiliar words more easily. These words are bolded in the story and translated after each chapter.
  ✦ *Comprehension questions* to test your understanding of key events and to encourage you to read in more detail.

So perhaps you are new to Welsh and looking for an entertaining way to learn, or maybe you have been learning for a while and simply want to enjoy reading and expand your vocabulary; either way, this book is the biggest step forward you will take in your studies this year. *Short Stories in Welsh for Beginners* will give you all the support you need, so sit back, relax, and let your imagination run wild as you are transported to a magical world of adventure, mystery and intrigue – in Welsh!

How to Read Effectively

Reading is a complex skill. In our first language, we employ a variety of micro-skills to help us read. For example, we might skim a particular passage in order to understand the general idea, or gist. Or we might scan through multiple pages of a train timetable looking for a particular time or place. While these micro-skills are second nature when reading in our first language, when it comes to reading in another language, research suggests that we often abandon most of these reading skills. When learning anew we usually start at the beginning of a text and try to understand every single word. Inevitably, we come across unknown or difficult words and quickly get frustrated with our lack of understanding.

One of the main benefits of reading in your target language is that you gain exposure to large amounts of words and expressions used naturally. This kind of reading for pleasure in order to learn a language is generally known as 'extensive reading'. It is very different from reading a textbook in which dialogues or texts are meant to be read in detail with the aim of understanding every word. That kind of reading to reach specific learning aims or do tasks is referred to as 'intensive reading'. To put it another way, the intensive reading in textbooks usually helps you with grammar rules and specific vocabulary, whereas reading stories extensively helps show you natural language in use.

While you may have started your language learning journey using only textbooks, *Short Stories in Welsh for Beginners* will now provide you with opportunities to learn more about natural Welsh language in use. A small number of Welsh words and word forms are used primarily in north Wales while others are used generally in south Wales. In *Short Stories in Welsh for Beginners*, you will find that some stories are written using words and expressions from north Wales and others in the language used in south Wales, depending on the location of the story. If a story set in north Wales contains a bolded vocabulary word, then the word used in south Wales is also included in brackets in the vocabulary list and the glossary and indicated with an 'S.'. Conversely, in stories using the Welsh of south Wales, the north Walian word is included in brackets for both vocabulary lists and glossary entries and indicated with an 'N.'.

For example:
dallt to understand (*S. form* **deall**)
nawr now (*N. form* **rŵan**)

Here are a few suggestions to keep in mind when reading the stories in this book in order to learn the most from them:

➤ **Enjoyment and a sense of achievement when reading is vitally important.** Enjoying what you read keeps you coming back for more. The best way to enjoy reading stories and feel a sense of achievement is by reading each story from beginning to end. Consequently, reaching the end of a story is the most important thing. It is actually more important than understanding every word in it!

➤ **The more you read, the more you learn.** By reading longer texts for enjoyment, you will quickly build up an innate understanding of how Welsh works. But remember: in order to take full advantage of the benefits of extensive reading, you have to actually read a large enough volume in the first place! Reading a couple of pages here and there may teach you a few new words, but won't be enough to make a real impact on the overall level of your Welsh.

➤ **You must accept that you won't understand everything you read in a story.** This is probably the most important point of all! Always remember that it is completely normal that you do not understand all the words or sentences. It doesn't mean that your language level is flawed or that you are not doing well. It means that you're engaged in the process of learning. So, what should you do when you don't understand a word? Here are a few steps:

1. Look at the word and see if it is familiar in any way. It may remind you of a Welsh word that you already know. For example, you may know a particular noun in Welsh and this is the adjectival form. In some instances it may be helpful to look for clues from your first language or another language you know. Take a guess – you might surprise yourself!

2. Re-read the sentence that contains the unknown word several times. Use the context of that sentence, and the rest of the story, to try to guess what the unknown word might mean.

3. Think about whether or not the word might be a slightly different spelling of a word you know. Has the word been mutated? In Welsh, the mutation system affects nine consonants in all. For example, feminine singular nouns take the soft mutation after the definite article, *the*:

cat – **cath**   the cat – **y gath**
girl – **merch**   the girl – **y ferch**

Alternatively, you might encounter a verb that you know, but some of the conjugated forms may be unfamiliar to you. The verbal forms used in *Short Stories in Welsh for Beginners* are those taught on *Learn Welsh* courses across Wales. These courses are delivered by a network of providers on behalf of the National Centre for Learning Welsh.

Although you may not be familiar with a particular form used, ask yourself: *Can I still understand the gist of what's going on?* Usually, if you have managed to recognise the main verb, that is enough. Instead of getting frustrated, simply notice how the verb is being used, and carry on reading. Recognising different verbal forms, and the prepositions which sometimes follow particular verbs, will come intuitively over time. Where applicable, such prepositions are included in brackets in the vocabulary lists and the glossary to help you remember them.

4. Make a note of the unknown word in a notebook and check the meaning later. You can review these words over time to make them part of your active vocabulary. If you simply must know the meaning of a bolded word, you can look it up in the vocabulary list at the end of the chapter, the glossary at the back of the book or a dictionary. However, this should be your last resort.

5. Pay attention to Welsh noun gender and plural forms. Most nouns in Welsh are either masculine or feminine. The gender of any bolded noun is included in the relevant vocabulary list and the glossary, as indicated below:

masculine noun – *eg*
feminine noun – *eb*

A very small number of nouns may be masculine or feminine and are indicated as *eg/b*.

When you learn a new noun, try also to remember the gender of the word. This will help you when learning the mutation rules. For example, as shown earlier under point 3, feminine singular nouns take the soft mutation after *the*. Masculine singular nouns do not mutate after *the*.

There isn't one uniform way of forming plurals in Welsh and, as with gender, the easiest way is to learn the plural forms of the nouns when learning the singular. All plurals are also listed in brackets, both in the individual stories and in the glossary.

Remember to include both the gender and plural form of a noun in your notebook!

These suggestions are designed to train you to handle reading in Welsh independently and without help. The more you can develop this skill, the better you'll be able to read. Remember: learning to be comfortable with the ambiguity you may encounter while reading is the most powerful skill that will help you become an independent and resilient learner of Welsh!

The Six-Step Reading Process

In order to get the most from reading *Short Stories in Welsh for Beginners*, it will be best for you to follow this simple six-step reading process for each chapter of the stories:

① Look at the illustration and read the chapter title. Think about what the story might be about. Then read the chapter all the way through. Your aim is simply to reach the end of the chapter. Therefore, *do not stop to look up words and do not worry if there are things you do not understand*. Simply try to follow the plot.

② When you reach the end of the chapter, read the short summary of the plot to see if you have understood what has happened. If you find this difficult, do not worry. You will improve with each chapter.

③ Go back and read the same chapter again. If you like, you can focus more on story details than before, but otherwise simply read it through one more time.

④ When you reach the end of the chapter for the second time, read the summary again and review the vocabulary list. If you are unsure about the meanings of any words in the vocabulary list, scan through the text to find them in the story and examine them in context. This will help you better understand the words.

⑤ Next, work through the comprehension questions to check your understanding of key events in the story. If you do not get them all correct, do not worry; simply answering the questions will help you better understand the story.

⑥ At this point, you should have some understanding of the main events of the chapter. If not, you may wish to re-read the chapter a few times using the vocabulary list to check unknown words and phrases until you feel confident. Once you are ready and confident that you understand what has happened – whether it's after one reading of the chapter or several – move on to the next chapter and continue enjoying the story at your own pace, just as you would any other book.

Only once you have completed a story in its entirety should you consider going back and studying the story language in more depth if you wish. Or instead of worrying about understanding everything, take time to focus on all that you *have* understood and congratulate yourself for all that you have done so far! Remember: the biggest benefits you will derive from this book will come from reading story after story through from beginning to end. If you can do that, you will be on your way to reading effectively in Welsh!

Yr Empanada Wallgo

Pennod 1 – Paratoi

'Dafydd, dw i fan hyn!' Gwenno sy'n galw. Mae hi wrth ddrws blaen y tŷ.

'Beth sy'n bod, Gwenno?' dw i'n ateb.

''Dyn ni'n mynd i'r **Ariannin** heddiw! Wyt ti wedi anghofio?'

'Nac ydw, siŵr! Dw i'n pacio,' dw i'n ateb.

Fy enw i yw Dafydd. Dw i'n 24 mlwydd oed. Gwenno yw fy chwaer i. Mae hi'n 23. 'Dyn ni yn y brifysgol. 'Dyn ni'n rhannu tŷ yng Nghaerdydd. Arthur a Sara Owen yw ein rhieni ni.

Dw i a Gwenno'n paratoi i fynd ar daith. 'Dyn ni'n mynd i Drelew yn yr Ariannin. 'Dyn ni'n astudio am **radd** Sbaeneg. 'Dyn ni'n gallu siarad llawer o Sbaeneg yn barod, ond 'dyn ni eisiau dysgu mwy. Byddwn ni'n gallu siarad Cymraeg yn Nhrelew hefyd! Mae llawer o bobl yn siarad Cymraeg yn ardal Trelew achos bod pobl o Gymru wedi symud i fyw yno, **amser maith yn ôl**. Byddwn ni'n **fyfyrwyr cyfnewid** y tymor yma.

Dw i'n dal, tua chwc throedfedd. Mae gwallt brown eithaf hir gyda fi. Mae fy llygaid i'n wyrdd ac mae ceg **lydan** gyda fi. Mae fy nghorff i'n gryf. Mae fy nghoesau i'n gryf achos fy mod i'n chwarae tenis yn aml. Dw i'n chwarae pêl-fasged yn dda iawn hefyd.

Gwallt brown sy gyda Gwenno fy chwaer hefyd. Mae ei gwallt hi'n hirach na fy ngwallt i. Does gyda hi ddim llygaid gwyrdd. Mae llygaid brown gyda hi, fel fy nhad i. Mae fy llygaid i yr un lliw â llygaid fy mam i.

Mae fy rhieni i'n gweithio. **Trydanwr** yw Dad. Mae e'n gweithio i gwmni trydanol mawr. Awdur yw Mam. Mae hi'n rhedeg cwmni hefyd. Mae'r cwmni'n gwerthu llyfrau **gwyddonias**.

Mae fy rhieni i'n wych. Maen nhw bob amser yn cefnogi Gwenno a fi. Maen nhw'n siarad Sbaeneg yn dda. Maen nhw'n siarad Sbaeneg â ni'n aml. Mae hyn yn helpu Gwenno a fi i wella ein Sbaeneg ni. Ro'n nhw'n **awyddus** i ni fod yn fyfyrwyr cyfnewid. 'Dyn ni'n gadael am yr Ariannin heddiw.

Daw Dad i mewn i fy ystafell. Mae e'n edrych arna i'n **syn**. Pam? Achos fy mod i ddim wedi gwisgo eto. 'Dafydd, pam dwyt ti ddim wedi gwisgo eto?' mae e'n gofyn.

'Wedi gwisgo? Dw i newydd godi. Ces i gawod bum munud yn ôl. Dw i heb sychu fy hunan eto!'

'**Dere**! Does dim llawer o amser gyda ni. Dw i eisiau mynd â chi i'r maes awyr. Ond rhaid i fi fynd i'r gwaith hefyd.'

'Paid â phoeni, Dad. Dw i'n gwisgo nawr.'

'Ble mae dy chwaer di?'

'Yn ei hystafell hi.'

Mae Dad yn mynd i mewn i ystafell fy chwaer. Mae e eisiau siarad â hi. Mae e'n mynd i mewn ac mae Gwenno'n edrych arno fe. 'O, helô Dad. Wyt ti eisiau rhywbeth?' mae hi'n gofyn.

'Ydw. Mae dy frawd yn gwisgo. Dyma ti.' Mae Dad yn rhoi **pentwr** o **arian** i Gwenno. 'Dw i eisiau i chi'ch dau gael hwn.'

Mae Gwenno wedi cael sioc. 'Dad! Mae llawer o arian fan hyn!' mae hi'n dweud.

'Mae dy fam a fi wedi **cynilo**'r arian yma. 'Dyn ni eisiau **cyfrannu at** y daith i'r Ariannin.'

'Diolch Dad!' medd Gwenno. 'Bydd e'n ddefnyddiol iawn. Dw i'n mynd i ddweud wrth Dafydd!'

Mae Gwenno yn troi i adael. Mae hi bron â rhedeg i mewn i fi. Wnaeth hi a Dad ddim gweld fy mod i'n dod i mewn. Mae Dad yn fy ngweld i nawr. 'O Dafydd, rwyt ti yma!' mae e'n dweud. 'Ac rwyt ti wedi gwisgo! Gwych!'

Mae Dad yn pwyntio at yr arian. Mae'r arian yna i ti a dy chwaer di i helpu gyda'r daith.'

'Diolch Dad. Bydd e'n help mawr,' dw i'n ateb.

Mae Gwenno yn gwenu.

'Nawr, rhaid i ni frysio,' mae Dad yn dweud. 'Rhaid i ni fynd i'r maes awyr! Dewch!'

Ar ôl i ni fwyta, 'dyn ni'n gadael y tŷ ac yn mynd i'r maes awyr. Mam sy'n gyrru. Mae Gwenno yn nerfus iawn. 'Gwenno,' **medd** Mam. 'Wyt ti'n iawn?'

'Dw i'n nerfus iawn,' mae Gwenno'n ateb.

'Pam?'

'Dw i ddim yn nabod unrhyw un yn yr Ariannin. Fydda i ddim yn nabod neb – dim ond Dafydd.'

'Paid â phoeni,' mae Mam yn ateb. 'Mae llawer o bobl hyfryd yn Nhrelew. Yn **enwedig** ffrind Dafydd, Armando.'

'Iawn, Mam. Dw i'n siŵr dy fod di'n iawn. Ond dw i ddim yn gallu stopio teimlo'n nerfus. Beth os bydd rhywbeth yn digwydd?'

'Bydd popeth yn iawn,' yw ateb Dad.

Yn y maes awyr, mae llawer o bobl yn cofrestru ar gyfer eu **hediadau**. Mae llawer ohonyn nhw'n teithio gyda'u gwaith nhw. Mae rhai yn teithio am hwyl. Dw i'n mynd draw at Gwenno. Wedyn dw i'n gofyn, 'Wyt ti'n teimlo'n llai nerfus nawr?'

'Ydw, Dafydd. Ro'n i'n nerfus iawn yn y car.'

'Dw i'n gwybod. Ond bydd popeth yn iawn. Mae fy ffrind, Armando, yn neis iawn. Mae e'n siarad Cymraeg ac mae e'n helpu myfyrwyr fel ni yn aml.'

Mae ein rhieni'n rhoi cwtsh mawr i ni. 'Dyn ni i gyd yn **chwifio** hwyl fawr, ac yna mae Gwenno a fi'n gadael. ''Dyn ni'n eich caru chi!' maen nhw'n gweiddi. Wedyn, maen nhw wedi mynd. Awr yn **ddiweddarach**, mae ein hawyren ni'n codi i'r awyr. **Bant â ni** i'r Ariannin!

Adolygu Pennod 1

Crynodeb

Myfyrwyr yw Dafydd a Gwenno. Maen nhw'n byw yng Nghaerdydd. Maen nhw'n astudio Sbaeneg yn y brifysgol. Maen nhw'n mynd i'r Ariannin heddiw. Byddan nhw'n fyfyrwyr cyfnewid yn Nhrelew. Mae eu rhieni'n mynd â nhw i'r maes awyr. Mae Gwenno yn nerfus iawn yn y car. Mae hi'n llai nerfus yn y maes awyr. Mae Gwenno a Dafydd yn hedfan i'r Ariannin.

Geirfa

Yr Ariannin *eb* Argentina
gradd (-au) *eb* degree
amser maith yn ôl a long time ago
myfyriwr (myfyrwyr) cyfnewid *eg* exchange student
llydan wide
trydanwr (trydanwyr) *eg* electrician
gwyddonias science fiction
awyddus eager, keen
syn amazed, surprised
dere come (*command form; Northern form* **tyrd**)
pentwr (pentyrrau) *eg* stack, pile
arian *eg* money (*N. form* **pres** *eg*)
cynilo to save (money)
cyfrannu at to contribute towards
medd (someone) says
enwedig especially
hediad (-au) *eg* flight
chwifio to wave
diweddarach later
bant â ni off we go (*N. form* **i ffwrdd â ni**)

Cwestiynau Darllen a Deall

Dewiswch un ateb yn unig ar gyfer pob cwestiwn.

1) Mae Dafydd a Gwenno yn byw mewn _____.
   a. tŷ gyda'i gilydd yng Nghaerdydd
   b. tai gwahanol yng Nghaerdydd
   c. tŷ gyda'i gilydd yn Nhrelew
   ch. tai gwahanol yn Nhrelew

2) Mae rhieni Dafydd a Gwenno yn _____.
   a. siarad Sbaeneg, ond 'dyn nhw ddim yn ymarfer gyda'u plant nhw
   b. siarad Sbaeneg ac yn ymarfer gyda'u plant nhw
   c. methu siarad Sbaeneg
   ch. byw y tu fas i Gaerdydd

3) Mae tad Dafydd a Gwenno yn rhoi anrheg iddyn nhw ar gyfer y trip. Beth yw hi?
   a. car
   b. lifft i'r maes awyr
   c. llyfr gwyddonias
   ch. arian

4) Yn ystod y daith i'r maes awyr, mae Gwenno yn teimlo _____.
   a. yn drist
   b. yn hapus
   c. yn nerfus
   ch. yn ofnus

5) Yn y maes awyr, mae _____.
   a. llawer o ffrindiau Dafydd
   b. llawer o bobl fusnes
   c. ychydig bach o bobl
   ch. llawer o blant

Pennod 2 – Yr Ariannin

Mae ein hawyren ni'n **glanio** yn yr Ariannin. Mae fy ffrind, Armando, yn aros yn y maes awyr. 'Helô Dafydd!' medd. Mae e'n rhoi cwtsh mawr i fi. 'Dw i mor **falch** dy fod di wedi cyrraedd!'

'Shwmae Armando! Mae'n dda dy weld di!'

Mae Armando yn edrych ar fy chwaer i, Gwenno. Dw i'n cyflwyno Armando iddi hi.

'Armando, fy ffrind, dyma fy chwaer, Gwenno.'

Mae Armando yn troi at Gwenno. Mae e'n rhoi cusan iddi hi ar bob boch. 'Helô, Gwenno. Mae'n braf cwrdd â ti!'

Mae fy chwaer yn swil iawn. Mae hi'n arbennig o swil pan mae hi'n **cwrdd â** phobl newydd. 'Helô ... Armando,' mae hi'n ateb. Mae ei hwyneb hi'n **cochi.** Wedyn mae hi'n dawel iawn.

'Mae dy chwaer di'n swil iawn, **on'd yw hi**?' mae Armando yn dweud wrtha i.

'Ydy, ond mae hi'n hyfryd,' dw i'n ateb.

Ychydig wedi hynny, 'dyn ni'n **anelu am** fflat Armando. Byddwn ni'n aros yno drwy'r tymor. 'Dyn ni'n dal tacsi. Ar ôl hanner awr, 'dyn ni'n cyrraedd canol dinas Trelew. Mae'r tacsi'n costio 2,000 **peso**. Mae Armando yn dweud bod tacsi yn costio'r pris yna fel arfer yn y rhan yma o Drelew. 'Dyn ni'n talu am y tacsi ac yn mynd allan.

Dyw fflat Armando ddim yn bell. Does dim rhaid i ni gerdded am amser hir. Mae hi'n fis Hydref ac mae hi'n **dwym**. Tymor y gwanwyn yw hi yn yr Ariannin nawr. Ond mae **awel** braf yma felly 'dyn ni ddim yn rhy dwym.

'Dyn ni'n cyrraedd y fflat erbyn amser cinio. 'Mae eisiau bwyd arna i a fy chwaer. 'Armando,' dw i'n dweud. 'Gawn ni fynd i gael cinio yn rhywle?'

'Mae bwytai da yn yr ardal yma.'

'Pa fath o fwyd maen nhw'n wneud?'

'Mae un o'r bwytai, *La Empanada Loca*, yn gwneud **empanadas** arbennig. Baswn i'n **argymell** y bwyty yna, **yn bendant**. Dych chi'n gallu dal bws yno. Mae'r bwyty arall yn gwneud pizza hyfryd. Mae e drws nesa i'r fflat.'

'Gwenno, wyt ti eisiau empanadas i ginio?' dw i'n gofyn i fy chwaer.

'Ydw! Dw i'n llwgu!' mae hi'n ateb.

Dyw Armando ddim yn gallu dod gyda ni. Mae e'n athro ac mae dosbarth gyda fe. Felly, dw i a Gwenno yn anelu am y bwyty empanadas. Rhaid i ni gerdded tipyn bach i gyrraedd yr orsaf fysiau. 'Hmm ... nawr, pa fws sy'n mynd i'r bwyty empanadas?' dw i'n gofyn i Gwenno.

'Dw i ddim yn gwybod ...' mae hi'n ateb. 'Beth am ofyn?' Mae hi'n pwyntio at ddyn mewn crys gwyn.

'Dyn ni'n cerdded draw at y dyn. Mae e'n gwenu ac yn dweud yn Sbaeneg, 'Helô! Gaf i'ch helpu chi?'

'Helô. 'Dyn ni eisiau cyrraedd bwyty o'r enw *La Empanada Loca*,' dw i'n ateb.

'Mae'n hawdd! Mae bws rhif 35 yn mynd y ffordd yna. Mae'n stopio **ar bwys** *La Empanada Loca*. Ond, mae un broblem fach.'

'Beth yw'r broblem?' dw i'n gofyn.

'Mae'r bws yna fel arfer **dan ei sang** yr amser yma.'

'Iawn. Diolch!' 'dyn ni'n ateb.

Pan 'dyn ni'n cerdded i'r **safle bws** agosaf, mae Gwenno a fi'n **trafod**. Dyw hi ddim yn teimlo'n hapus i fynd ar y bws, 'Dafydd,' medd hi, 'Beth am fynd i gael pizza. Mae'n haws. Dw i ddim eisiau mynd ar fws sy dan ei sang.'

'Dw i'n gwybod ... ond arhosa! Mae syniad gyda fi. Af i ar y bws i *La Empanada Loca*. Cer di i gael pizza.'

'Pam?'

'Achos wedyn, 'dyn ni'n gallu cymharu'r ddau fwyty.'

'O. Syniad da. Iawn. Mwynha'r empanada! Bydda i'n ffonio wedyn,' mae hi'n galw ac yn cerdded i ffwrdd.

Dw i'n mynd ar y bws nesaf ac yn eistedd. Dw i wedi blino'n lân. Dw i'n cwympo i gysgu'n syth. Mae bysiau Trelew yn dda iawn. Does dim angen i fi boeni.

Dw i'n **dihuno**. Mae'r bws wedi stopio. Does neb arall ar y bws – dim ond y gyrrwr. 'Esgusodwch fi,' dw i'n dweud. 'Ble 'dyn ni?'

''Dyn ni wedi cyrraedd Esquel,' mae e'n ateb.

'Beth? Esquel? 'Dyn ni yn Esquel? Sut mae hynny'n bosib?' dw i'n gofyn.

'Wel, y bws cyflym yw hwn. Mae'n mynd yn syth o Drelew i Esquel,' mae'n dweud wrtha i.

Dw i ddim yn gallu credu fy nghlustiau. Es i ar y bws anghywir. Beth wna i?

Dw i'n diolch i'r gyrrwr ac yn cerdded **oddi ar** y bws. Wedyn, dw i'n **estyn** fy ffôn. Dw i eisiau ffonio fy chwaer i, ond dw i ddim yn gallu troi'r ffôn ymlaen. Mae'r batri wedi marw! Dw i'n edrych ar fy oriawr. Mae hi'n bum munud wedi saith. Dyw fy chwaer i ddim yn gwybod ble dw i. Dw i'n siŵr ei bod hi'n poeni'n ofnadwy. Rhaid i fi siarad â hi. Rhaid i fi ffeindio **blwch ffôn**!

Dw i'n gofyn i fenyw ar y stryd am flwch ffôn. 'Mae un yma,' mae hi'n ateb ac yn pwyntio. 'Mae e draw fanna.'

Dw i'n diolch iddi hi ac yn anelu am y blwch ffôn. Ond wedyn, dw i'n cofio rhywbeth. Mae rhif ffôn Gwenno yng nghof fy ffôn symudol. Dw i ddim yn gallu agor fy ffôn. O'r diwedd, mae ffôn gyda fi, ond dim rhif. Beth nesa?

Dw i'n meddwl am dipyn bach. Wedyn dw i'n cofio rhywbeth arall. Mae eisiau bwyd arna i. Dw i heb fwyta ers amser brecwast! Dw i'n penderfynu dod o hyd i fwyty. Bydda i'n gallu meddwl am atebion i fy mhroblemau i wedyn.

Dw i'n ffeindio bwyty ar ochr arall y sgwâr. Mae'r **gweinydd** yn dod at y bwrdd. 'Noswaith dda!' medd, yn hapus.

'Noswaith dda,' dw i'n ateb.

'Beth fasech chi'n hoffi?'

Dw i'n edrych yn gyflym ar y fwydlen. 'Baswn i'n hoffi ... empanada?' dw i'n dweud, yn Sbaeneg.

'Mae'n ddrwg gyda fi, dw i ddim yn deall,' mae e'n ateb.

Dw i'n trio eto. Dw i ddim yn credu bod fy Sbaeneg **mor wael â hynny**! 'Ym ... dw i eisiau empanada?' Dw i'n pwyntio'n wyllt at y gair *empanada* ar y fwydlen.

Mae'r gweinydd yn gwenu ac yn dweud, 'Diolch. Dw i'n dod o Gymru. Dw i'n newydd fan hyn. Dw i ddim yn siarad Sbaeneg yn dda iawn.'

'Cymru? Wyt ti'n siarad Cymraeg?' dw i'n gofyn yn Gymraeg.

'Ydw!'

Dw i'n dechrau chwerthin yn swnllyd iawn. Mae llawer o bobl yn y bwyty yn troi i edrych arna i. Dw i'n teimlo'n dwp nawr. Doedd dim angen i fi chwerthin mor uchel. Ond does dim ots gyda fi. Mae hyn yn **wallgo**! Mae'r sefyllfa yma mor rhyfedd. Ro'n i a fy chwaer eisiau bwyta empanadas gyda'n gilydd. A nawr, dyma fi'n bwyta empanadas – ond ar fy mhen fy hun yn Esquel, gyda gweinydd sy'n siarad Cymraeg! A dyw fy chwaer i ddim yn gwybod ble dw i. Mae'**n hollol** wallgo!

Dw i'n gorffen fy swper ac yn talu'r bil. Wedyn, dw i'n sylweddoli fy mod i mewn **sefyllfa** ddrwg iawn. Beth ddylwn i wneud? Dyw fy ffôn symudol ddim yn gweithio. Mae blwch ffôn yma, ond dw i ddim yn gwybod rhif fy chwaer. Beth wna i? Wedyn, dw i'n cofio. Dw i'n gallu ffonio Caerdydd! Dw i'n gwybod rhif tŷ Mam a Dad.

Dw i'n mynd yn ôl i'r blwch ffôn. Dw i'n ffonio rhif fy rhieni. Mae'n canu dair gwaith. O'r diwedd, mae Mam yn dweud, 'Helô?'

'Helô Mam. Dafydd sy'n siarad.'

'Dafydd?' mae hi'n ateb. 'Sut wyt ti? Sut mae Trelew?'

'Mae'n wych. Ym ... Mam. Mae problem gyda fi.'

'Beth sy'n bod? Oes rhywbeth drwg wedi digwydd?'

'Na, dim byd drwg. Alli di ffonio Gwenno, plîs? Alli di ddweud wrthi hi fy mod i yn Esquel. A bod batri'r ffôn wedi marw.'

'Yn Esquel? Beth wyt ti'n wneud yn Esquel?'

'Mae'n stori hir, Mam. Gwna i esbonio wedyn.'

'Dyn ni'n dweud hwyl fawr. Dw i'n penderfynu dod o hyd i westy. Mae gwesty yn y sgwâr nesa. Bydda i'n gallu mynd 'nôl i Drelew yfory. Ond nawr, rhaid i fi gysgu.

Dw i'n talu am y gwesty mewn arian parod. Does dim cardiau credyd gyda fi fan hyn. Dw i'n mynd i fy ystafell. Dw i'n tynnu fy nillad i ac yn mynd i mewn i'r gwely. Dw i'n diffodd y golau ac yn mynd i gysgu. Dw i wedi blino'n lân. Am ddiwrnod gwallgo!

Adolygu Pennod 2

Crynodeb

Mae Dafydd a Gwenno'n cyrraedd Trelew. Mae ffrind Dafydd, Armando, yn cwrdd â nhw yn y maes awyr. Wedyn, maen nhw i gyd yn mynd i fflat Armando. Mae eisiau bwyd ar Dafydd a Gwenno. Mae Armando'n argymell dau fwyty. Mae Gwenno yn cerdded i fwyty sy'n gwneud pizza. Mae Dafydd yn dal bws i fwyty empanadas. Ar y bws, mae Dafydd yn cwympo i gysgu. Mae e'n dihuno yn Esquel! Dyw ei ffôn e ddim yn gweithio. Dyw e ddim yn gwybod rhif ffôn ei chwaer e. Yn y diwedd, mae e'n ffonio ei fam e ar ôl bwyta mewn bwyty. Wedyn, mae e'n aros mewn gwesty am y noson.

Geirfa

glanio to land

balch glad

cwrdd â to meet with (*N. form* **cyfarfod â**)

cochi to blush

On'd yw hi? Isn't she? (*N. form* **on'd ydy hi?**)

anelu am to aim for

peso Argentinian currency

twym hot (*N. form* **poeth**)

awel *eb* breeze

empanada *eb* filled pastry snack, popular in Argentina

argymell to recommend

yn bendant definitely

ar bwys near, by (*N. form* **wrth ymyl**)

dan ei sang full to capacity

safle bws *eg* bus stop

trafod to discuss

dihuno to wake up (*N. form* **deffro**)

oddi ar from, off

estyn to reach (out), to extend

blwch ffôn *eg* (*Br. Eng.*) phone box, (*Am. Eng.*) telephone booth

gweinydd (-ion) *eg* waiter

mor wael â hynny as poorly/badly as that

gwallgo mad, crazy

yn hollol completely, wholly

sefyllfa (-oedd) *eb* situation

Cwestiynau Darllen a Deall

Dewiswch un ateb yn unig ar gyfer pob cwestiwn.

6) Mae Armando _____.
    a. yn gweithio yn y maes awyr
    b. yn ffrind i rieni Gwenno a Dafydd
    c. yn ffrind i Gwenno
    ch. yn ffrind i Dafydd

7) Yn Nhrelew, _____.
    a. mae hi'n oer
    b. mae hi'n dwym
    c. dyw hi ddim yn dwym nac yn oer
    ch. mae hi'n boeth yn y mynyddoedd ac yn oer ar bwys y môr

8) Ar ôl gadael y maes awyr, mae Gwenno a Dafydd yn mynd _____.
    a. i fwyty
    b. i fflat ffrind Armando
    c. i fflat Armando
    ch. i Esquel

9) Dyw Dafydd ddim yn gallu siarad â'i chwaer achos
   _____.
   a. bod batri ei ffôn wedi marw
   b. bod dim arian gyda fe
   c. bod dim blwch ffôn
   ch. ei fod e wedi anghofio ei ffôn symudol

10) Mae Dafydd yn treulio'r noson _____.
   a. mewn gwesty yn Nhrelew
   b. ar y bws
   c. mewn gwesty yn Esquel
   ch. yn y maes awyr

Pennod 3 – Y Draffordd

Dw i'n dihuno'n tua naw o'r gloch ac yn cael cawod. Dw i'n archebu bwyd i fy ystafell. Does dim llawer o arian gyda fi erbyn hyn. Ond dw i'n llwglyd eto, felly dw i'n bwyta'n araf ac yn mwynhau fy mwyd i.

Ar ôl hynny, dw i'n gwisgo ac yn gadael. Dw i'n sylwi ar yr amser ar y cloc yn y cyntedd. Mae hi'n ddeg o'r gloch yn y bore. Ydy Mam wedi siarad â Gwenno eto, tybed? Mae fy chwaer i'n berson nerfus. Gobeithio ei bod hi'n iawn.

Dw i'n mynd i fynedfa'r gwesty. Cyn i fi adael, dw i'n stopio i feddwl, 'Sut af i 'nôl i Drelew? Gwariais i lawer o arian ar y gwesty. Dw i ddim yn gwybod ble mae'r banc agosaf. Dw i ddim yn gallu cael arian mas o fy **nghyfrif** banc. Ac mae Gwenno, siŵr o fod, yn aros amdana i. Rhaid i fi **ddatrys** y broblem – yn gyflym!'

Wedyn, dw i'n sylwi ar ddau weithiwr. Maen nhw'n cario bocsys tuag at **lori**. Ar y lori, mae llun gydag enw'r cwmni arno fe. Dw i'n edrych yn agosach. Wedyn dw i'n dechrau chwerthin yn uchel iawn. Dw i'n stopio chwerthin yn gyflym. Dw i ddim eisiau teimlo'n dwp eto! Dw i ddim yn gallu credu'r peth. Llun empanada sy ar y lori. Lori bwyty *La Empanada Loca* yw hi!

Dw i'n cerdded at un o'r gweithwyr. 'Helô,' dw i'n dweud.

'Bore da,' mae e'n ateb. 'Sut galla i'ch helpu chi?'

'Dych chi'n gweithio i'r bwyty yma yn Nhrelew?' dw i'n gofyn, ac yn pwyntio at y llun ar y lori.

'Nac ydw, gyrrwr lori dw i,' medd y dyn.

'Dych chi'n gwybod am fwyty o'r enw *La Empanada Loca?*'

'Ydw, dw i'n mynd â **blawd** yno bob wythnos, i wneud yr empanadas. Ond dw i ddim yn gweithio yno.'

Mae'r gyrrwr yn mynd i mewn i'r lori. Yn sydyn, mae syniad gyda fi!

'Esgusodwch fi,' dw i'n dweud.

'Ie?' mae'r gyrrwr yn ateb.

'Allwch chi fynd â fi'n ôl i Drelew?'

'Nawr?' medd y gyrrwr.

'Ie,' dw i'n ateb. 'Does dim llawer o arian gyda fi. Rhaid i fi fynd 'nôl at fy chwaer!'

Mae'r gyrrwr yn stopio i feddwl. Wedyn mae e'n ateb. 'Iawn. Cer i mewn i'r lori. Eistedda rhwng y bocsys blawd. A paid â dweud wrth neb!'

'Wnaf i ddim. Diolch,' dw i'n dweud.

'Dim problem,' medd. Wedyn, mae e'n ychwanegu, 'Yn gyflym, plîs. Rhaid i fi adael nawr. Alla i ddim bod yn hwyr!'

Dw i'n mynd i gefn y lori. Dw i'n eistedd rhwng y bocsys blawd. Mae'r gyrrwr yn dechrau'r lori. 'Dyn ni'n anelu am Drelew. Dw i'n meddwl ei fod e'n syniad ardderchog. Mae lori'n gyflymach na bws. Bydda i'n **arbed** amser fel hyn. A, does dim rhaid i fi dalu! Dw i'n eistedd 'nôl yn hapus i fwynhau'r daith.

Mae hi'n dywyll iawn yng nghefn y lori. Dw i ddim yn gallu gweld unrhyw beth. Dw i'n clywed injan y lori a'r ceir ar y ffordd. Yna, yn sydyn, mae rhywbeth yn symud yn y lori. Mae person arall yng nghanol y bocsys! 'Helô?'

Tawelwch.

'Helô? Pwy sy 'na?' dw i'n gofyn yn Gymraeg. Dw i wedi cael ofn!

Mwy o dawelwch. Dw i'n gwybod bod rhywun yno. Mae e, neu hi, yn cuddio rhwng y bocsys. Yn y diwedd, dw i'n codi ac yn cerdded draw. Dyna syrpréis! Hen ddyn yw e. Mae e'n cuddio rhwng y bocsys.

'Esgusodwch fi,' dw i'n dweud yn Sbaeneg, 'Pwy dych chi?'

'**Gadewch lonydd i fi**, plîs,' mae'r dyn yn ateb yn Gymraeg. Mae e'n siarad Cymraeg yn berffaith!

'Beth dych chi'n wneud yma?' dw i'n gofyn.

'Dw i'n teithio i Drelew.'

'Ydy'r gyrrwr yn gwybod eich bod chi yma?'

'Nac ydy. Des i ar y lori pan o't ti'n siarad â fe.'

'Dw i'n gweld ...' dw i'n ateb.

Yn sydyn, mae'r gyrrwr yn stopio. Mae e'n mynd allan o'r lori ac yn cerdded at gefn y lori. Mae'r hen ddyn yn edrych arna i'n **bryderus**. 'Pam wnaeth e stopio?'

'Dw i ddim yn gwybod.'

Mae sŵn ar bwys y drws cefn.

'Rhaid i fi guddio!' medd y dyn.

Mae'r gyrrwr yn dod i mewn i'r lori. Dim ond fi sy **yn y golwg**. Mae'r hen ddyn yn cuddio y tu ôl i'r bocsys.

'Beth sy'n digwydd fan hyn?' mae e'n gofyn i fi.

'Dim.'

'Gyda phwy o't ti'n siarad?'

'Fi? Neb. Does neb arall yma. Dwyt ti ddim yn gweld?'

'Gwranda. 'Dyn ni ddim yn Nhrelew eto. Bydd yn dawel. Dw i ddim eisiau trafferth. Wyt ti'n **deall**?'

'Dw i'n deall,' dw i'n ateb.

Mae'r gyrrwr yn cau'r drws. Mae e'n mynd 'nôl i sedd y gyrrwr. Ar yr un pryd, mae'r hen ddyn yn dod mas o ganol y bocsys. Mae e'n edrych arna i ac yn gwenu. 'Wnaeth e ddim fy ngweld i, diolch byth!' medd.

'Rwyt ti'n lwcus,' dw i'n ateb. 'Felly, dw i eisiau gwybod. Pam rwyt ti'n teithio o Esquel i Drelew mewn lori?'

'Wyt ti wir eisiau gwybod?'

'Ydw, wrth gwrs!'

'Gad i fi ddweud stori fach wrthot ti.'

'Plîs! Mae hi'n daith hir.'

Mae'r hen ddyn yn dweud ei stori e wrtha i. 'Mae mab gyda fi, ond dw i erioed wedi cwrdd â fe. Ro'n i a'i fam e gyda'n gilydd amser maith yn ôl. Ro'n ni'n wahanol iawn i'n gilydd. Ond ro'n i'n ei charu hi. Wedyn, es i i Unol Daleithiau America. Ces i gynnig swydd. Ond aeth pethau ddim yn dda iawn. Do'n i ddim yn gallu dod adre.' Ddwedodd e ddim byd am funud. Wedyn, aeth e ymlaen, 'Roedd hi wedi symud i ffwrdd. A wnes i ddim ei gweld hi – na fy mab i – byth eto. Ond yn ddiweddar, ces i wybod ble maen nhw.'

'Yn Nhrelew?'

'Yn union.'

'Faint yw oed eich mab chi?'

'Mae e'n 24.'

'Yr un oed â fi!'

Mae'r hen ddyn yn chwerthin. 'Dyna **gyd-ddigwyddiad**!'

'Ie wir.'

Ar ôl ychydig bach o dawelwch, dw i'n codi i ymestyn fy nghoesau i. Dw i'n gofyn i'r dyn, 'Beth yw enw dy fab di?'

'Ei enw e yw Armando. Mae fflat gyda fe yn Nhrelew. Dyw e ddim yn bell iawn o fwyty o'r enw Yr Empanada Wallgo. Dyna pam dw i yn y lori yma.'

Yr Empanada Wallgo. Neu, yn Sbaeneg, *La Empanada Loca.* Y dyn yn y lori yw tad fy ffrind i, Armando. Mae'n **anghredadwy!**

Adolygu Pennod 3

Crynodeb

Mae Dafydd yn dihuno ac yn bwyta yn ei ystafell mewn gwesty yn Esquel. Pan mae e'n gadael y gwesty, mae e'n gweld lori. Lori bwyty *La Empanada Loca* yw hi. Mae Dafydd yn gofyn i'r gyrrwr fynd â fe 'nôl i Drelew. Mae'r gyrrwr yn cytuno. Yn y lori, mae Dafydd yn cwrdd â hen ddyn. Mae'r dyn yn mynd i Drelew hefyd. Mae e'n chwilio am ei fab e, Armando. Tad Armando, ffrind Dafydd, yw'r dyn.

Geirfa

cyfrif (-on) *eg* account
datrys to solve
lori (loriau) *eb* (*Br. Eng.*) lorry, (*Am. Eng.*) truck
blawd *eg* flour
arbed to save (time)
tawelwch *eg* quiet, quietness
gadewch lonydd i fi leave me alone
pryderus anxious, worried, apprehensive
yn y golwg in sight, visible
deall to understand (*N. form* **dallt**)
cyd-ddigwyddiad (-au) *eg* coincidence
anghredadwy incredible, unbelievable

Cwestiynau Darllen a Deall

Dewiswch un ateb yn unig ar gyfer pob cwestiwn.

11) Dihunodd Dafydd tua _____.
    a. 10:15
    b. 10:00
    c. 9:00
   ch. 12:15

12) Mae gyrrwr y lori yn _____.
   a. gweithio yn y gwesty
   b. gweithio ym mwyty *La Empanada Loca*
   c. gweithio fel gyrrwr yn unig
   ch. hen ddyn

13) Mae Dafydd yn cwrdd â _____ yn y lori.
   a. dyn ifanc
   b. menyw ifanc
   c. gyrrwr gwahanol
   ch. hen ddyn

14) Mae'r person yn y lori yn teithio _____.
   a. i weithio yn *La Empanada Loca*
   b. i weithio fel gyrrwr
   c. i ymweld â'i dad e
   ch. i ymweld â'i fab e

15) Y person yn y lori yw _____.
   a. tad Dafydd
   b. tad Armando
   c. mam Gwenno
   ch. mam Dafydd

Pennod 4 – Dychwelyd

Mae'r dyn a fi'n siarad ychydig bach ar y ffordd i Drelew. Dw i ddim yn dweud fy mod i'n nabod ei fab e. O'r diwedd, mae lori *La Empanada Loca* yn cyrraedd. Mae'r gyrrwr yn diffodd ei injan. Mae'r hen ddyn a fi'n mynd mas drwy'r drws cefn. Mae'r hen ddyn yn cuddio yng nghanol pobl ar y stryd. Dw i'n diolch i'r gyrrwr. 'Croeso,' medd. 'Mwynha dy ddiwrnod!'

Dw i'n troi. Mae'r hen ddyn yn edrych ar y bwyty. *La Empanada Loca* o'r diwedd! 'Dyn ni'n mynd i mewn. Does neb yno. Tri o'r gloch y prynhawn yw hi. Mae hi'n amser **siesta** i lawer o bobl.

'Beth dych chi eisiau wneud?' dw i'n gofyn i'r dyn.

'Dw i ddim yn llwglyd,' mae'n ateb. 'Dw i eisiau mynd i fflat fy mab i. Wyt ti eisiau dod gyda fi?'

'Wrth gwrs,' dw i'n ateb.

Mae cyfeiriad Armando gyda'r hen ddyn. 'Dyn ni'n dal bws 35 ac yn eistedd yn dawel. Wedyn, 'dyn ni'n cerdded tuag at fflat Armando. Dyw'r hen ddyn ddim yn gwybod bod Armando yn ffrind i fi. Dyw Armando ddim yn siarad am ei dad yn aml iawn. Dw i'n gwybod bod Armando a'r dyn ddim wedi cwrdd o'r blaen.

Ar y **foment** yma, dw i ddim yn gallu penderfynu. Ddylwn i ddweud wrth y dyn fy mod i'n nabod Armando? Ddylwn i ddweud dim? O'r diwedd, dw i'n penderfynu. Wnaf i ddim dweud. Dw i eisiau i'r cyfarfod fod yn syrpréis mawr.

'Dyn ni'n cyrraedd y fflat ac yn cerdded drwy'r fynedfa yn y blaen. 'Prynhawn da!' medd y derbynnydd.

'Helô,' 'dyn ni'n ateb.

Mae'r hen ddyn yn symud at y derbynnydd. Mae e eisiau gofyn am rif fflat Armando.

'Gadewch hynny i fi,' dw i'n dweud.

'Dyn ni'n mynd yn y **lifft** i'r trydydd llawr. 'Dyn ni'n mynd mas ac yn cerdded at ddrws y fflat.

'Mae e fan hyn,' dw i'n dweud wrth yr hen ddyn.

'Sut wyt ti'n gwybod?' mae e'n gofyn.

Yn y diwedd, dw i'n esbonio. Dw i'n dweud wrtho fe fy mod i'n nabod Armando ers blynyddoedd. Trwy lwc – neu **ffawd** – ro'n ni'n dau yn yr un lori. I ddechrau, dyw e ddim yn credu'r peth. Wedyn, mae e'n derbyn ei ffawd. Mae e'n methu aros i gwrdd â'i fab e.

'Dyn ni'n canu cloch y drws ond does dim ateb.

'Gwenno? Armando?' dw i'n galw. 'Oes unrhyw un yna?' Eto, does neb yn ateb. Dw i'n esbonio bod fy chwaer a fi'n aros yn y fflat. Wedyn, dw i'n estyn fy allwedd ac yn agor y drws.

'Ble maen nhw?' mae'r dyn yn gofyn.

'Dw i ddim yn gwybod. Ond dylen nhw fod yma cyn bo hir.'

'Dyn ni'n mynd i mewn i'r fflat. Dw i'n dod o hyd i **wefrwr** y ffôn symudol. Am y chwarter awr nesa, dw i'n **gwefru** fy ffôn. Wedyn, dw i'n ffonio fy chwaer.

Mae ffôn Gwenno'n canu unwaith. Mae hi'n ateb yn gyflym. 'Dafydd! O'r diwedd! Ffoniodd Mam, ond ro'n i'n poeni'n ofnadwy!'

'Helô Gwenno. Paid â phoeni. Dw i'n iawn. Dw i yn fflat Armando. Mae rhywun gyda fi.'

'Pwy sy gyda ti?'

'Wel, mae hi'n stori hir. Dere 'nôl i'r fflat. Ble wyt ti?'

'Siaradais i â Mam y bore 'ma. Dwedodd hi wrtha i am Esquel. Ro'n i ac Armando yn aros amdanat ti drwy'r nos! 'Dyn ni wedi bod mas am ginio. 'Dyn ni ar ein ffordd 'nôl nawr.'

'Iawn. Arhoswn ni amdanoch chi fan hyn.'

Hanner awr yn ddiweddarach, mae Armando a Gwenno yn cyrraedd y fflat. 'Helô Dafydd! 'Dyn ni mor hapus i dy weld di!' medd Armando. Wedyn, mae e'n troi at yr hen ddyn ac yn gofyn. 'A phwy dych chi?'

Cyn i'r dyn ateb, dw i'n dweud, 'Ym ... Armando, mae rhywbeth pwysig gyda fi i ddweud wrthot ti.'

'Beth sy'n digwydd?' mae'n gofyn.

'Armando, dyma dy dad di,' dw i'n ateb.

I ddechrau, mae Armando wedi cael sioc. 'Fy nhad i? Mae hynny'n amhosib!'

Mae'r hen ddyn yn edrych arno fe. 'Armando wyt ti?' mae'n gofyn.

'Ie. Ond dim chi yw fy nhad i. Mae'n amhosib!' mae Armando'n ateb.

'Fy enw i yw Antonio Sotomonte. Ie, fi yw dy dad di.'

Mae'r dyn yn esbonio. Mae Armando yn sylweddoli bod popeth yn wir. Mae e'n rhoi cwtsh i'r dyn, mewn ffordd eitha **lletchwith**. Dyw'r ddau ddyn ddim yn siŵr iawn beth i wneud.

Yn y diwedd, mae Armando yn gwenu ac yn dweud, 'Wel ... dw i'n meddwl bod rhaid i ni ddathlu!'

'Dw i'n cytuno!' medd ei dad, Antonio.

'Beth am fynd i *La Empanada Loca*?' medd Gwenno.

Dw i'n edrych yn syn ar Gwenno. 'Dim diolch! Dw i ddim eisiau empanadas. Dw i byth eisiau empanadas eto!' Mae hi'n edrych arna i ac yn chwerthin. 'Dw i byth eisiau mynd yn agos at y bwyty yna!' dw i'n dweud wedyn. 'A dw i ddim eisiau mynd ar fws am amser hir chwaith! Dw i eisiau pizza!'

Mae pawb yn dechrau chwerthin. Ar ôl munud fach, dw i'n chwerthin hefyd.

'Am ddiwrnod gwallgo!' dw i'n dweud.

'Ie,' mae Antonio'n ateb. '***Un día loco***; diwrnod hollol wallgo!'

Adolygu Pennod 4

Crynodeb

Mae Dafydd a'r hen ddyn yn cyrraedd Esquel. Maen nhw'n mynd i fwyty *La Empanada Loca*. Does neb yno achos ei bod hi'n amser siesta. Maen nhw'n mynd i fflat Armando. Does neb yn fanna chwaith. Mae Dafydd yn gwefru ei ffôn. Mae e'n ffonio Gwenno. Mae hi gydag Armando. Mae Gwenno ac Armando yn dod yn ôl i'r fflat. Mae Dafydd yn cyflwyno Armando i'w dad e. Maen nhw'n penderfynu cael cinio i ddathlu. Ond dyw Dafydd ddim eisiau empanadas, mae e eisiau pizza.

Geirfa

siesta (*Spanish*) afternoon nap
moment *eb* moment
lifft (-iau) *eb* (*Br. Eng.*) lift, (*Am. Eng.*) elevator
ffawd *eb* fate, fortune, luck
gwefrwr (gwefrwyr) *eg* charger
gwefru to charge (a battery)
lletchwith awkward (*N. form* **chwithig**)
Un día loco (*Spanish*) a crazy day

Cwestiynau Darllen a Deall

Dewiswch un ateb yn unig ar gyfer pob cwestiwn.

16) Mae'r hen ddyn a Dafydd yn mynd yn gyntaf _____.
    a. i fflat Armando
    b. i flwch ffôn
    c. i fwyty *La Empanada Loca*
   ch. i'r maes awyr

17) Pan maen nhw'n cyrraedd y fflat _____.
   a. mae Gwenno ac Armando yno
   b. dim ond Gwenno sy yno
   c. dim ond Armando sy yno
   ch. does neb yno

18) Yn gyntaf, mae Dafydd yn _____.
   a. gwefru ei ffôn symudol
   b. gwneud cinio
   c. ffonio Armando
   ch. ffonio ei rieni e

19) Nesa, mae Dafydd yn ffonio _____.
   a. ei rieni e
   b. Armando
   c. Gwenno
   ch. y gyrrwr lori

20) I ddathlu, mae Gwenno eisiau mynd _____.
   a. i *La Empanada Loca*
   b. i'r bwyty pizza
   c. i Gaerdydd
   ch. i Esquel

Antur yn Eryri

Pennod 1 – Y Creadur

Mae Llyn Geirionydd yng Ngogledd Orllewin Cymru.
Mae o yn ardal Eryri, **wrth ymyl** tref enwog o'r enw
Betws-y-Coed. Mae'n lle poblogaidd i deuluoedd. Mae
pobl yn mynd yno'n aml i dynnu lluniau. Maen nhw
hefyd yn mynd yno i fwynhau byd natur yn yr haf.

Mae'r tywydd yn **medru** bod yn **gyfnewidiol**
yn Eryri. Ond, mae hi'n gymylog yno'n aml, a dydy'r
hafau ddim yn boeth iawn. Achos hynny, mae
cerddwyr yn hoff iawn o Lyn Geirionydd. Mae Siân
yn un o'r cerddwyr yma. Mae hi'n byw wrth ymyl
Llyn Geirionydd. Mae hi wrth ei bodd efo byd natur
ac mae hi'n hoff iawn o gerdded. Fel arfer, mae hi'n
cerdded ym mis Mehefin a mis Gorffennaf. Mae'r
tywydd yn braf, ond dydy hi ddim yn rhy boeth. Bob
penwythnos, mae hi'n rhoi ei phethau hi mewn **sach
gefn** ac yn cerdded yn y goedwig wrth y llyn.

Mae Gareth, ffrind Siân, yn hoffi cerdded hefyd. Mae
o'n mynd i gerdded efo Siân yn aml. Y penwythnos
dwetha, mi wnaethon nhw benderfynu mynd am dro
wrth ymyl Llyn Geirionydd. Ond yn y diwedd, mi
gaethon nhw dipyn o antur!

Mi wnaeth Siân a Gareth **gyfarfod** ar ddechrau'r daith. 'Helô, Siân!' gwaeddodd Gareth o bell.

'Helô, Gareth!' atebodd Siân.

'Mi fydda i efo ti mewn munud!' gwaeddodd Gareth wedyn, a rhedeg at Siân.

'Gareth, paid â rhedeg! Mi fyddi di wedi blino'n lân!'

'Paid â phoeni. Mi ddes i â **diodydd egni** ar gyfer y daith,' meddai Gareth. Mi bwyntiodd o at ei sach gefn a chwerthin.

Roedd y ddau ffrind yn hapus iawn i weld ei gilydd. Mi siaradon nhw am dipyn bach. Wedyn, mi **gychwynnon** nhw ar eu taith.

Ar ôl ychydig o filltiroedd, mi rannodd y llwybr yn ddau.

'Pa ffordd awn ni?' gofynnodd Siân. 'I'r chwith neu i'r dde?'

'Be am fynd i'r chwith?' atebodd Gareth.

'Wel, ym ... basai'n well gen i fynd i'r dde.'

'Pam?'

Mi edrychodd Siân ar y goedwig wrth ymyl y llwybr chwith. Wedyn, mi atebodd hi, 'Mae storïau am y llwybr yna. Mae rhai pobl wedi gweld creadur mawr blewog yno ...'

'Wir? Wyt ti'n credu'r storïau yna?'

'Ym ... dw i ddim yn gwybod. Wel, **ella** basen ni'n medru mynd y ffordd yna ...' meddai Siân. Roedd hi'n edrych yn **bryderus**.

'**Tyrd**, Siân. I ffwrdd â ni y ffordd yma!' Triodd Gareth **annog** Siân. Roedd hi'n edrych yn **ofnus** arno fo. Wedyn, mi gerddodd y ddau i lawr y llwybr chwith.

Awr yn **ddiweddarach**, roedd Gareth a Siân ar yr un llwybr. Roedden nhw yng nghanol y coed. Diwedd y prynhawn oedd hi rŵan. Mi ofynnodd Siân i Gareth, 'Wyt ti'n meddwl bod creaduriaid rhyfedd yn y goedwig yma?'

'Dw i ddim yn meddwl.'

'Pam ddim?'

'Wel, dw i erioed wedi gweld creadur rhyfedd. Wyt ti?'

'Nac ydw, ddim yn y goedwig yma.'

'Iawn, felly dan ni'n saff!'

Chwarddodd Siân. 'Ydyn, mae'n siŵr.'

Wedyn, mi gerddodd y ddau ymlaen.

Ar ôl llawer o filltiroedd, roedd y ddau ffrind yn dal i gerdded. Roedd yr haul yn isel yn yr awyr. Yna, mi gerddon nhw allan o'r goedwig. Roedden nhw wrth ymyl y llyn rŵan.

Mi edrychodd Gareth a Siân o gwmpas. Wrth ymyl y llyn, roedd bwthyn bach. Bwthyn pren oedd o, ac roedd o'n edrych yn hen iawn. 'Edrycha, Gareth,' gwaeddodd Siân. 'Edrycha draw fanna!'

'Lle?' atebodd Gareth.

'Fanna! Mae bwthyn yna. Bwthyn pren.'

'O! Dw i'n medru gweld y bwthyn. Awn ni i weld?'

'Be? Ond be os bydd rhywun ynddo fo?'

'Paid â bod yn ofnus, Siân. Dw i'n siŵr bod neb ynddo fo.'

Mi gerddodd y ddau ffrind at y bwthyn. Cyn iddyn nhw fynd i mewn, mi edrychon nhw o gwmpas y lle.

'Dw i'n meddwl bod rhywun wedi adeiladu'r bwthyn yma flynyddoedd yn ôl,' meddai Siân. 'Sbia ar **gyflwr** y ffenestri! Mae'r gwydr yn hen iawn. Ac mae'r pren yn hen iawn hefyd.'

'Ydy,' atebodd Gareth. 'Baswn i'n deud ei fod o'n 50 mlwydd oed, o leia. Ond faswn i ddim yn deud ei fod o'n hyll. Dw i'n licio'r bwthyn bach yma.'

Mi edrychodd Gareth o gwmpas. Yn sydyn, mi waeddodd o 'Hei, Siân! Tyrd yma!' Wrth ymyl y llyn, roedd cwch bach. Roedd o'n hen. Cwch pren oedd o. Roedd o'n sefyll yn y dŵr wrth ymyl y **lan**. Mi edrychodd Gareth ar Siân.

'Be am fynd i mewn iddo fo!'

'Wyt ti'n tynnu fy nghoes i?' atebodd Siân. 'Pam?'

'Basen ni'n medru mynd i ganol y llyn!'

'Dw i ddim yn gwybod ...'

'Tyrd! I ffwrdd â ni. Mi gawn ni hwyl!'

'Iawn ...' meddai Siân. Doedd hi ddim yn swnio'n hapus.

Mi aeth Siân a Gareth i mewn i'r cwch efo'u sachau cefn nhw. Mi wnaethon nhw **rwyfo** i ganol y llyn ac edrych o gwmpas. 'Mae hi mor braf yma!' meddai hi.

'Ydy, dw i'n gwybod. Mae llawer o goed yma, ond mae hi'n heulog iawn.'

'Dw i mor hapus fan hyn. Gawn ni rywbeth i fwyta? Wyt ti **isio** rhywbeth?'

'Wrth gwrs! Be sy gen ti?'

Mi dynnodd Siân lawer o fisgedi a brechdanau allan o'i sach gefn hi. Mi dynnodd Gareth y diodydd egni allan o'i sach gefn o.

'Be wyt ti isio?'

'Mae'r brechdanau'n edrych yn dda ...'

'Wrth gwrs! Dyma ti!'

'Diolch, Siân'

Mi wnaeth y ddau ffrind fwyta eu brechdanau yng nghanol y llyn. Yn sydyn, mi glywon nhw sŵn.

'Wnest ti glywed **hwnna**?' meddai Gareth.

'Do,' atebodd Siân. Roedd gynni hi ofn.

'Dw i'n meddwl ei fod o'n **dŵad** o'r bwthyn.'

'A fi!'

'Tyrd i weld!'

Mi edrychodd Siân yn **syn** ar Gareth.

'**O ddifri**?' meddai hi.

'Ydw! Tyrd!'

Mi redodd Gareth a Siân yn ôl at y lan a gwisgo eu sachau cefn nhw. Wedyn, mi gerddon nhw'n araf at yr hen fwthyn pren.

'Siân, dw i isio mynd i mewn i'r bwthyn.'

'Pam? Dan ni wedi dŵad yma i fynd am dro yn yr awyr iach! Dan ni *ddim* wedi dŵad yma i fynd i mewn i dai!'

'Dw i'n gwybod hynny. Ond yn y goedwig, mae llawer o bethau diddorol. Dw i'n licio edrych ar bethau diddorol.'

'Dw i ddim yn siŵr ...'

'Tyrd. Mi awn ni i mewn,' **awgrymodd** Gareth eto. O'r diwedd, mi gytunodd Siân.

Mi gerddodd Siân a Gareth at y bwthyn. Mi agoron nhw'r drws a mynd i mewn. Roedd popeth yn y bwthyn yn hen iawn. Doedd neb wedi byw ynddo fo **ers talwm**. Roedd **llwch** ym mhobman.

'Siân, edrycha ar hwn,' galwodd Gareth. Roedd ei lais o'n swnio'n rhyfedd.

'Be?'

'Fan hyn, wrth ymyl y ffenest.'

Mi edrychodd Siân. Ar y llawr, yn y llwch, roedd llawer o **olion traed** mawr iawn.

'Be wyt ti'n meddwl ydy'r olion traed yma?' gofynnodd Gareth.

'Olion traed **arth**, dw i'n meddwl!' atebodd Siân.

'Arth, Siân?! Does dim eirth o gwmpas fan hyn! Maen nhw'n byw yn bell bell i ffwrdd!'

'Felly, does gen i ddim syniad. Ond dw i isio mynd o 'ma!'

Yn sydyn, mi glywodd y ddau ffrind sŵn yn y gegin. Mi redodd Siân a Gareth i'r ystafell. Doedden nhw ddim yn medru credu eu llygaid. Roedd creadur mawr blewog yn sefyll yn y gegin! Mi wnaeth o droi'n gyflym, mi aeth o allan drwy'r drws a rhedeg i ffwrdd. Mi wnaeth y creadur lawer o sŵn. Mi wnaeth o dorri'r drws wrth adael hefyd!

Roedd Gareth a Siân yn sefyll yn llonydd. Mi **ddiflannodd** y creadur i'r goedwig. Doedd Siân ddim yn medru siarad.

'Be oedd hwnna?' gofynnodd Gareth.

Doedden nhw ddim yn gwybod.

Adolygu Pennod 1

Crynodeb

Mae Siân a Gareth yn mynd i gerdded o gwmpas Llyn Geirionydd. Maen nhw'n dod at y llyn. Wrth ymyl y llyn mae 'na gwch a hen fwthyn. Maen nhw'n mynd ar y llyn yn y cwch. Wedyn maen nhw'n clywed sŵn. Maen nhw'n mynd yn ôl i'r bwthyn ac yn mynd i mewn. Yn y gegin maen nhw'n gweld creadur rhyfedd. Mae'r creadur yn rhedeg allan o'r bwthyn. Mae o'n mynd i mewn i'r goedwig. Dydy Siân a Gareth ddim yn gwybod be ydy'r creadur.

Geirfa

wrth ymyl near, by (*Southern form* **ar bwys**)

medru to be able to (*S. form* **gallu**)

cyfnewidiol changeable

sach gefn (sachau cefn) *eb* backpack

cyfarfod to meet (*S. form* **cwrdd**)

diod (-ydd) egni *eb* energy drink

cychwyn to start, to commence

ella maybe, perhaps (*S. form* **efallai**)

pryderus anxious, worried, apprehensive

tyrd come (*command form; S. form* **dere**)

annog to encourage

ofnus scared, fearful

diweddarach later

cyflwr (cyflyrau) *eg* condition, state

glan (-nau) *eb* bank, side

rhwyfo to row

isio to want (*S. form* **eisiau**)

hwnna that (*with reference to a masculine noun*)

dŵad to come (*S. form* **dod**)

syn amazed, surprised

o ddifri seriously

awgrymu to suggest

ers talwm for a long time (*S. form* **ers llawer dydd**)

llwch *eg* dust

ôl troed (olion traed) *eg* footprint

arth (eirth) *eb* bear

diflannu to disappear, to vanish

Cwestiynau Darllen a Deall

Dewiswch un ateb yn unig ar gyfer pob cwestiwn.

1) Mae Siân a Gareth _____.
    a. yng Nghaerdydd
    b. yn Eryri
    c. yn Yr Alban
    ch. yn Lloegr

2) Mae Siân a Gareth yn mynd am dro _____.
    a. i'r llyn
    b. i'r traeth
    c. i dref fach
    ch. i'r ddinas

3) Pan maen nhw'n cerdded ar y llwybr, mae Siân a Gareth
   yn gweld _____.
    a. tref fach
    b. dinas
    c. siop
    ch. bwthyn

4) Pan maen nhw'n gweld y cwch ar y llyn _____.
   a. dydyn nhw ddim yn mynd i mewn iddo fo
   b. maen nhw'n cysgu ynddo fo
   c. maen nhw'n penderfynu eu bod nhw ddim yn
      mynd i mewn achos bod y cwch ddim yn saff
   ch. maen nhw'n rhwyfo i ganol y llyn

5) Pan maen nhw ar y llyn, mae Siân a Gareth yn clywed
   sŵn yn _____.
   a. y cwch
   b. y bwthyn
   c. y llyn
   ch. y goedwig

Pennod 2 – Chwilio

'Welest ti hwnna, Siân?' meddai Gareth.

'Do!' atebodd Siân. 'Be oedd o?'

'Dw i ddim yn gwybod! Ond roedd o'n fawr iawn, ac yn hyll iawn!'

'Oedd ... fel rhyw fath o greadur!'

Mi edrychodd Gareth ar Siân a deud, 'Be am fynd ar ôl y creadur!'

'Wyt ti o ddifri'?' atebodd Siân. 'Paid â bod yn **wirion**!'

'Tyrd! Dan ni wedi dod yma i gael antur. Be am ddilyn y creadur?'

'O, Gareth! Dw i ddim yn siŵr am hyn ...'

Mi adawodd Gareth a Siân y bwthyn. Mi ddilynon nhw olion traed y creadur i mewn i'r coed. Mi edrychon nhw o gwmpas. O'r diwedd, mi ddudodd Gareth, 'Mi fasai'r creadur yn medru bod yn unrhyw le. Mae'n rhaid i ni wahanu.'

'Gwahanu?' meddai Siân yn syn. 'Wyt ti'n **wallgo**, Gareth? Mae creadur rhyfedd yma. A dan ni ddim yn gwybod lle mae o!'

'Dw i'n **dallt** hynny,' atebodd Gareth. 'Ond ella basen ni'n medru tynnu llun o'r creadur. Ella basen ni ar y newyddion.'

'Be?'

'Tyrd, Siân,' meddai Gareth. 'Ella ei fod o'n greadur arbennig! Ella bod neb wedi tynnu llun y creadur o'r blaen!' Mi edrychodd o ar Siân a deud, 'Ella basen nhw'n sgwennu erthygl amdanon ni! Ella basai rhywun isio cyfweliad efo fi ar y newyddion ar y teledu! Basen ni'n medru ...'

'Stopia! Rwyt ti'n wallgo, Gareth. Ddylwn i ddim gwrando arnat ti. Ond os wyt ti'n **mynnu**, mi fedrwn ni wahanu.'

Mi aeth Gareth un ffordd. Mi aeth Siân y ffordd arall. Doedd dim golwg o'r creadur o gwbl. Mi feddyliodd hi am y peth eto. Yn y diwedd, mi benderfynodd hi fod **esboniad** syml. Roedd hi a Gareth wedi dychmygu'r creadur. Doedd o ddim yn real.

Ychydig o funudau wedyn, mi welodd Siân Gareth yn y goedwig. Roedd hi bron yn dywyll. Mi ddudodd hi wrth Gareth am ei **phenderfyniad** hi. Mi ddudodd hi wrtho fo fod y creadur ddim yn real. Roedd Gareth yn anghytuno. Roedd o'n siŵr ei fod o'n real. Ond roedd rhaid iddyn nhw brofi hynny.

Yn sydyn, mi welodd Gareth **lwyni trwchus**. Roedd o'n meddwl ella bod y creadur yn y llwyni. Mi ddudodd o wrth Siân am aros. Pan oedd o'n mynd i mewn i'r llwyni, mi chwifiodd Gareth a gwenu.

Mi arhosodd Siân am Gareth, ond wnaeth o ddim dŵad allan o'r llwyni. Mi arhosodd hi am lawer o funudau. Dim Gareth. Mi arhosodd hi am hanner awr, bron. Doedd dim golwg o Gareth!

Mi edrychodd Siân ar ei ffôn symudol. Doedd dim signal. Doedd hi ddim hyd yn oed yn medru ffonio am help. Roedd gynni hi ofn rŵan. Ond doedd hi ddim yn medru gadael Gareth!

Yna, mi feddyliodd hi, 'Ella ei fod o wedi mynd yn ôl i'r bwthyn! Ella bod hyn yn jôc!'

Mi gerddodd Siân yn ôl i'r hen fwthyn. Mi edrychodd hi o gwmpas. Dim Gareth. Mi benderfynodd hi aros. Os oedd o'n chwarae tric, basai hi'n medru chwarae tric hefyd! Mi driodd hi **ymddwyn** yn normal. Basai hi'n medru **cogio** bod dim ots ganddi hi amdano fo. Ha! Basai hynny'n ddoniol!

Roedd hen wely yn yr ystafell fwya. Mi eisteddodd hi arno fo a thynnu brechdan allan o'i sach gefn hi. Mi fwytodd hi ei brechdan, a meddwl am Gareth. Lle oedd o? Be ddylai hi wneud?

Roedd Siân wedi bod yn meddwl am amser hir, ac roedd hi wedi blino'n lân. Doedd hi ddim yn medru meddwl yn glir rŵan. Am ddiwrnod! 'Mi wna i aros am Gareth fan hyn a ...' Dyna'r peth ola wnaeth hi feddwl cyn mynd i gysgu.

Mi **ddeffrodd** Siân yn gynnar y bore wedyn. Doedd Gareth ddim wedi dŵad yn ôl! Roedd hi'n gobeithio bod popeth yn freuddwyd. Ond mi sylweddolodd hi fod popeth yn real. Roedd hi'n poeni'n fawr. Ella bod hyn ddim yn jôc.

Mi benderfynodd Siân gerdded i'r dref agosaf. Mi gerddodd hi **ar hyd** yr un llwybr. O'r diwedd, mi gyrhaeddodd hi dref fach. Roedd hi'n ddydd Sul, ond roedd llawer o bobl o gwmpas y lle. Mi driodd Siân ddefnyddio ei ffôn symudol hi eto. Doedd dim signal yn fanna chwaith. Dim! Roedd rhaid iddi hi ffeindio ffôn rŵan!

Mi aeth Siân i fwyty **cyfagos**. Roedd llawer o bobl yno. Doedd Siân ddim yn gwybod be i ddeud. Roedd hi'n **sefyllfa anarferol** iawn! O'r diwedd, mi benderfynodd hi ddeud dim. Mi aeth hi at y rheolwr a deud, 'Helô. Ga i ddefnyddio eich ffôn chi, os gwelwch chi'n dda?'

'Cewch wrth gwrs. Mae'r ffôn ar y wal yn fanna.'

'Diolch yn fawr iawn.'

Yn gyntaf, ffoniodd Siân rif Gareth. Wnaeth ei ffôn o ddim canu. Ella bod problem efo'r ffôn? Wedyn, mi benderfynodd hi ffonio tŷ Gareth. Mi ganodd y ffôn unwaith, ddwywaith, dair gwaith. Pam doedd neb yn ateb? Roedd brawd Gareth adra yn y bore fel arfer. Ond ddim heddiw. Mi ffoniodd Siân eto ond doedd dim ateb. Mi adawodd hi neges. 'Lle wyt ti, Gareth!?' gofynnodd hi.

Mi adawodd Siân y bwyty. Mi safodd hi ar y stryd am funud fach, a meddwl. Roedd Siân yn **ddynes annibynnol**. Roedd hi'n meddwl yn ofalus am bopeth. 'Iawn, ta,' meddyliodd hi. 'Be am drio dallt hyn? Ella ei fod o wedi mynd ar goll yn y llwyni trwchus. Wedyn, pan ddaeth o'n ôl, ro'n i wedi mynd. Felly, mi aeth o adra. Ia, dyna ni!'

Roedd rhaid i Siân fynd i dŷ Gareth. Mi redodd hi'n ôl i'r bwyty a ffonio am dacsi. Ar ôl 30 munud, mi gyrhaeddodd hi dŷ Gareth. 'Naw punt, os gwelwch chi'n dda,' meddai'r gyrrwr.

'Dyma ddeg punt,' meddai Siân. 'Cadwch y newid.'
'Diolch. Mwynhewch eich diwrnod.'

Mi aeth Siân allan o'r tacsi a cherdded at dŷ Gareth. Roedd y tŷ yn fawr iawn ac roedd o'n hardd. Roedd gynno fo ddau lawr a gardd. Roedd o mewn ardal neis iawn. Roedd tai mawr a siopau wrth ymyl y tŷ. Roedd car Gareth ar y dreif y tu allan i'r tŷ. Oedd Gareth yn y tŷ? Oedd o wedi ffonio ei deulu o?

Mi edrychodd Siân ar ei ffôn hi. Roedd gynni hi signal rŵan, ond doedd 'na ddim negeseuon. Wedyn, mi ffoniodd hi Gareth eto. Mi wnaeth hi adael neges arall. Mi ddudodd hi ei bod hi'n poeni. Mi ofynnodd iddo fo ffonio'n syth!

'Dw i ddim yn dallt,' meddyliodd hi. 'Mi yrrodd Gareth adra yn ei gar o. Felly pam wnaeth o ddim ffonio i ddeud wrtha i?' Mi ganodd Siân y gloch ar y drws. Doedd 'na ddim ateb. Mi ganodd hi'r gloch dair gwaith, ond wnaeth neb ateb.

Roedd Siân yn poeni. Mi aeth hi i dŷ ei ffrindiau hi, Carys ac Angharad. Doedden nhw ddim adra chwaith. Mi driodd hi eu ffonio nhw. Roedden nhw wedi diffodd eu ffonau nhw. Roedd rhywbeth rhyfedd yn mynd ymlaen. Doedd hi ddim yn gwybod beth oedd yn digwydd. Roedd ei ffrindiau hi i gyd wedi diflannu!

Doedd Siân ddim yn gwybod be i neud. Doedd hi ddim isio ffonio'r heddlu. Roedd hi'n gwybod bod Gareth yn saff achos bod ei gar o adra. Doedd hi ddim yn medru gofyn i unrhyw un am help. Mi benderfynodd Siân neud rhywbeth. Roedd hi'n mynd i ffeindio Gareth ar ei phen ei hun!

Erbyn hyn, roedd hi'n hwyr yn y prynhawn felly mi ffoniodd Siân am dacsi arall yn ôl i Lyn Geirionnydd. Mi aeth hi ar hyd y llwybr i'r goedwig wrth ymyl y bwthyn. Ar ôl munud neu ddau, mi welodd hi'r hen fwthyn pren. Ond y tro yma, roedd rhywbeth yn wahanol: roedd 'na olau ymlaen yn y bwthyn!

Adolygu Pennod 2

Crynodeb

Mae Siân a Gareth yn chwilio am greadur rhyfedd yn y goedwig. Mae Gareth yn diflannu. Mae Siân yn mynd i'r hen fwthyn i chwilio amdano fo. Dydy o ddim yna. Mae hi'n syrthio i gysgu. Y diwrnod wedyn, mae hi'n deffro. Dydy Gareth ddim wedi dŵad yn ôl. Mae hi'n poeni. Mae hi'n ffonio Gareth. Dydy o ddim yn ateb. Mae hi'n mynd i'w dŷ o. Mae hi'n gweld ei gar o. Ond dydy hi ddim yn medru ffeindio Gareth a dydy hi ddim yn medru ffeindio ei ffrindiau hi chwaith. Yn y diwedd, mae hi'n mynd yn ôl i'r hen fwthyn. Mae golau ymlaen yn y bwthyn.

Geirfa

gwirion daft, silly (*S. form* **twp**)
gwallgo mad, crazy
dallt to understand (*S. form* **deall**)
mynnu to insist
esboniad (-au) *eg* explanation
penderfyniad (-au) *eg* decision
llwyn (-i) *eg* bush, grove, shrub
trwchus thick, dense
ymddwyn to behave
cogio to pretend, (*S. form* **esgus**)
deffro to wake up (*S. form* **dihuno**)
ar hyd along
cyfagos nearby, adjacent
sefyllfa (-oedd) *eb* situation

anarferol unusual
dynes (menywod) *eb* female, woman (*S. form* **menyw** *eb*)
annibynnol independent

Cwestiynau Darllen a Deall

Dewiswch un ateb yn unig ar gyfer pob cwestiwn.

6) I ddechrau, mae Siân yn meddwl _____.
   a. bod y creadur yn real
   b. bod y creadur yn jôc
   c. bod Gareth yn cogio bod yn greadur
   ch. ei bod hi wedi breuddwydio am y creadur

7) Wedyn, mae Gareth yn gweld _____.
   a. coeden arbennig
   b. tŷ arall
   c. car Siân
   ch. llwyni trwchus

8) Mae Siân yn syrthio i gysgu _____.
   a. yn y goedwig
   b. yn y cwch ar y llyn
   c. mewn gwely yn y bwthyn
   ch. yn y dref

9) Pan mae hi'n deffro, mae Siân yn _____.
   a. mynd i'r dref agosa
   b. mynd i mewn i'r llwyni
   c. ffonio rhieni Gareth
   ch. ffonio ei rhieni hi

10) Pan mae hi'n dod yn ôl i'r llyn, mae Siân yn gweld
_____ yn y bwthyn.
   a. tân
   b. golau
   c. y creadur
   ch. Gareth

Pennod 3 – Y Syrpréis

Doedd Siân ddim yn medru credu'r peth. 'Mae 'na olau yn y bwthyn!' gwaeddodd hi. Mi ddilynodd hi'r llwybr i lawr at y llyn. Mi aeth hi draw at y bwthyn.

Roedd hi'n hwyr yn y prynhawn, ond roedd hi'n bendant yn medru gweld golau oren yn y bwthyn. Mi gerddodd hi o gwmpas y bwthyn. Roedd hi isio gweld pwy oedd ynddo fo! Gareth oedd yno, **mae'n rhaid**!

'Helô!' gwaeddodd hi. 'Siân sy 'ma!' Wnaeth neb ateb. Wedyn, mi glywodd hi sŵn yn dŵad o'r tŷ. 'Iawn, Gareth,' meddyliodd Siân. 'Dydy hyn ddim yn ddoniol rŵan!' Mi aeth Siân at y drws. Mi agorodd hi'r drws. Wedyn, mi welodd hi rywbeth **annisgwyl** iawn!

Roedd pawb roedd hi'n nabod yno! Roedd llawer iawn o bobl yn y bwthyn! Roedd ei mam hi yno, ac aelodau eraill o'r teulu, a hyd yn oed ei ffrindiau hi, Carys ac Angharad!

'Siân!' gwaeddodd ei mam. 'Dw i mor falch dy fod ti yma!'

'Helô,' meddai Siân yn **betrusgar.** 'Be sy'n mynd ymlaen?'

'Wel,' meddai ei mam hi. 'Eistedda. Wnei di adael i mi esbonio?'

Mi eisteddodd Siân ar yr hen wely. 'Be sy'n digwydd?' meddai hi eto. Roedd pawb yn yr ystafell yn edrych yn bryderus. Roedd pawb yn **ddistaw**.

'Lle mae Dad?' gofynnodd hi.

'Mae o yn y gwaith. Mi fydd o yma cyn bo hir,' atebodd ei mam.

Mi edrychodd Siân o gwmpas yr ystafell, 'Wnaiff rhywun ddeud wrtha i be sy'n digwydd, plîs?' gofynnodd hi.

Mi safodd mam Siân a dechrau siarad. 'Dan ni'n meddwl bod Gareth ar goll. Dan ni'n meddwl bod creadur wedi mynd â fo i rywle.'

'Be? Sut dach chi'n gwybod ein bod ni wedi gweld creadur?'

'Mi anfonodd Gareth neges aton ni. Roedd o isio help. Wedyn, mi wnaeth ei ffôn o stopio gweithio. Dan ni yma i chwilio amdano fo.'

'Rŵan?' gofynnodd Siân yn syn.

'Ia, rŵan.'

Mi godODD pawb eu sachau cefn, a rhoi eu **tortshys** nhw ymlaen. Roedden nhw'n barod i fynd i chwilio am Gareth. Wedyn, mi aethon nhw allan o'r bwthyn a **ffurfio** grwpiau.

Mi arhosodd Siân wrth y drws. Mi safodd hi yno am funud bach. 'Dw i ddim yn dallt,' meddyliodd hi. 'Fasai Gareth ddim yn **crwydro** ar ei ben ei hun. Fasai fo ddim isio **codi ofn** arna i. Pam fasai fo'n anfon neges at Mam? Pam ddim ata i? A pham mae fy ffrindiau *i* i gyd yma, ddim ei ffrindiau o?' **Siglodd** ei phen. 'Mae hyn yn rhyfedd iawn ...'

Mi aeth mwy o amser heibio. Mi edrychodd Siân o gwmpas. Doedd hi ddim yn medru gweld grwpiau o bobl! Doedd neb yno! 'Lle dach chi?' gwaeddodd hi. 'Helô? Dach chi'n clywed?'

Mi gerddodd Siân at y goedwig. 'Ella bod pawb yno,' meddyliodd hi. Mi gerddodd hi ymlaen, a thynnu tortsh allan o'i sach gefn hi. Mi wnaeth hi droi'r dortsh ymlaen. Roedd hi'n **tywyllu** eto.

'Lle dach chi i gyd? Oes 'na rywun yna?' gwaeddodd hi. Wnaeth neb ateb. 'Dw i ddim yn dallt!' meddyliodd hi. Mi edrychodd hi o gwmpas y goedwig dywyll. Wedyn, mi wnaeth hi droi'n ôl. Basai hi'n well aros yn yr hen fwthyn na cherdded yn y goedwig yn y tywyllwch!

Mi aeth Siân yn ôl i'r bwthyn ac mi wnaeth hi eistedd ar yr hen wely eto. Mi arhosodd hi yno am funud neu ddau. Wnaeth neb ddŵad yn ôl. Yn sydyn, mi glywodd Siân sŵn yn dŵad o'r gegin.

Mi gododd hi **oddi ar** y gwely. Mi gerddodd hi'n araf at y gegin. Roedd hi'n trio bod yn ddistaw iawn. Roedd hi isio gweld be oedd yn digwydd. Ella bod ei ffrindiau hi yno? Neu ei mam hi?

Mi wnaeth hi droi'r dortsh ymlaen. Wedyn, mi welodd hi fo – y creadur! Roedd o'n hyll iawn, ac roedd o'n dŵad ati hi.

Mi waeddodd Siân a rhedeg allan o'r bwthyn. 'Help! Help!' gwaeddodd. Doedd 'na neb yno. Mi redodd hi **nerth ei thraed**. Ond roedd y creadur yn gyflymach na hi. Cyn bo hir, roedd o y tu ôl iddi hi. Mi wnaeth hi droi i edrych arno fo, wedyn mi syrthiodd hi ar y llawr mewn panig. Roedd gynni hi ofn felly mi ddechreuodd hi gicio. Mi ddaliodd y creadur ei choesau hi. Doedd hi ddim yn medru **dianc**!

Roedd Siân yn **cwffio** ac yn cwffio. Ond yn sydyn, stopiodd y creadur. Mi wnaeth o sefyll ar ei draed ac **estyn** ei law ati hi. Roedd o isio helpu Siân i sefyll. 'Be sy'n digwydd fan hyn?' meddyliodd Siân.

Yn sydyn, mi welodd Siân bethau'n symud. Mi ddaeth ei ffrindiau a'i theulu hi i gyd allan o'r goedwig. Roedd eu tortshys nhw'n **disgleirio**. Ond roedd rhywbeth arall yn eu dwylo nhw hefyd – **canhwyllau**! Ac roedden nhw'n canu rhywbeth. Roedd hi'n nabod y gân ...

Y munud yna, roedd Siân yn dallt popeth. Mi dynnodd y creadur ei wisg i ffwrdd. Ei thad hi oedd o! 'Pen-blwydd hapus, Siân!' meddai fo, cyn ymuno yn y canu.

'Pen-blwydd hapus i ti!' canodd pawb o gwmpas Siân. Doedd Siân ddim yn gwybod beth i wneud – crïo neu chwerthin!

'Dad, ti oedd y creadur?' gofynnodd Siân yn syn. 'Ti oedd o, drwy'r amser?'

'Ia, cariad. Fi oedd o, drwy'r amser. Mi ges i dipyn o hwyl yn actio'r creadur!' chwarddodd o. Wedyn, mi aeth o ymlaen. 'Roedden ni'n mynd i gael y parti ddoe. Ond wedyn, mi wnaeth rhywbeth ddigwydd yn swyddfa dy fam. Felly, roedd rhaid i ni symud y parti i heddiw. Mi gaeth Gareth syniad gwych. Roedd o'n meddwl basai hi'n hwyl chwarae tric arnat ti, ac roedden ni isio i ti aros yn y bwthyn am ddau ddiwrnod.'

'Wir? Wel, roedd hwnna'n dipyn o dric,' meddai hi wrth edrych o gwmpas. 'A lle mae Gareth?'

Mi ddaeth Gareth **i'r golwg**. Roedd o wedi bod yn cuddio y tu ôl i'r goeden. Roedd o**'n hollol** lân ac yn hollol saff.

'Mae'n ddrwg gen i, Siân,' meddai Gareth. 'Mi wnaethon ni chwarae **hen dric sâl** arnat ti. Ond roedden ni isio i ti gael pen-blwydd **cofiadwy**! Ac rwyt ti'n mynd i gael anrheg wych!'

Mi roiodd tad Siân gardyn pen-blwydd iddi hi.

'Ar ôl y tric yna? Gobeithio ei bod hi'n anrheg wych!' chwarddodd Siân. Wedyn, mi agorodd hi'r cardyn. Yn y cardyn, roedd llawer o bapurau. 'Be ydyn nhw?' gofynnodd hi, ac edrych o gwmpas.

Mi wnaeth ffrindiau a theulu Siân ei chodi hi i fyny. Mi garion nhw hi i flaen y bwthyn. 'Dan ni wedi prynu'r hen fwthyn yma i ti, cariad! Y bwthyn yma ydy dy anrheg ben-blwydd di!' meddai ei mam.

Daeth tad Siân i eistedd efo nhw. 'Dan ni'n mynd i **adnewyddu**'r bwthyn efo'n gilydd,' meddai fo. 'Bwthyn gwyliau i ti ydy o!'

Mi ddechreuodd Siân chwerthin. Wedyn, mi ddechreuodd hi grïo. **Am ryddhad**! Roedd Gareth yn saff. Roedd hi'n saff. A hi oedd **piau**'r hen fwthyn!

O'r diwedd, roedd Siân yn medru siarad eto. 'Wel,' dechreuodd hi. 'Dw i isio diolch i bawb am y syrpréis pen-blwydd yma. A Mam a Dad – dw i'n methu credu fy mod i'n cael cadw'r bwthyn yma. Diolch!' Wedyn, mi edrychodd hi ar ei thad a Gareth. 'Dad, roedd hwnna'n berfformiad ardderchog! Ond dw i isio deud rhywbeth wrth y creadur. Dydy o *ddim* yn cael dŵad yma eto!'

Mi chwarddodd pawb a dechrau canu eto. Wedyn, mi aethon nhw i'r bwthyn. Roedd hi'n **hen bryd** iddyn nhw gael panad a chacen ben-blwydd. Roedd hi hefyd yn hen bryd i Siân ymlacio. Roedd hi wedi blino'n lân!

Adolygu Pennod 3

Crynodeb

Mae Siân yn mynd yn ôl i'r bwthyn i chwilio am Gareth. Mae'r golau ymlaen. Mae hi'n mynd i mewn. Mae ei theulu a'i ffrindiau hi yno. Maen nhw'n deud eu bod nhw'n chwilio am Gareth. Dydy Siân ddim yn dallt. Mae ei ffrindiau hi'n gadael i chwilio yn y goedwig. Mae Siân yn poeni bod y goedwig yn beryglus. Felly, mae hi'n mynd yn ôl i'r bwthyn. Mae hi'n gweld y creadur yno. Mae o'n rhedeg ar ôl Siân yn y goedwig. Mae hi'n syrthio ond wedyn mae'r creadur yn helpu Siân i godi. Ei thad hi ydy o! Mae'r creadur yn rhan o syrpréis pen-blwydd iddi hi, a'r bwthyn ydy ei hanrheg hi!

Geirfa

mae'n rhaid it must be

annisgwyl unexpected

petrusgar hesitant, faltering

distaw quiet (*S. form* **tawel**)

tortsh (-ys) *eg* (*Br. Eng.*) torch, (*Am. Eng.*) flashlight

ffurfio to form

crwydro to wander

codi ofn (ar) to frighten

siglo to shake, to rock, to sway

tywyllu to darken, to get dark

oddi ar from, off

nerth ei thraed as fast as she could

dianc to escape

cwffio to fight (*S. form* **ymladd**)

estyn to reach (out), to extend

disgleirio to shine

cannwyll (canhwyllau) *eb* candle

(dod) i'r golwg to come into sight, to become visible

yn hollol completely, wholly

hen dric sâl a bad joke (*S. form* **hen dric gwael**)

cofiadwy memorable

adnewyddu to renovate, to restore, to renew

Am ryddhad! What a relief! (*exclamation*)

piau to own

hen bryd high time, past the time when something should have happened

Cwestiynau Darllen a Deall

Dewiswch un ateb yn unig ar gyfer pob cwestiwn.

11) Y tro cynta mae Siân yn mynd i mewn i'r bwthyn, mae hi'n gweld _____.
   a. Gareth
   b. ei thad hi
   c. y rhan fwya o'i ffrindiau a'i theulu hi
   ch. y creadur

12) Pan mae Siân yn sefyll wrth ymyl y goedwig i feddwl, mae _____.
   a. rhywbeth rhyfedd yn dod allan o'r dŵr
   b. ei thad hi y tu ôl iddi hi
   c. hi'n cyfarfod efo'r creadur
   ch. ei ffrindiau a'i theulu hi'n gadael

13) Achos ei bod hi ar ei phen ei hun, mae Siân yn penderfynu _____.
   a. mynd i chwilio am Gareth yn y llwyni trwchus
   b. ffonio ffôn symudol Gareth
   c. mynd yn ôl i'r dref eto
   ch. mynd yn ôl i'r bwthyn eto

14) Pan mae Siân yn mynd yn ôl i'r bwthyn mae _____.

    a. hi'n clywed sŵn yn y gegin

    b. ei ffôn symudol hi'n canu

    c. Carys ac Angharad yn dod i mewn i'r bwthyn

    ch. hi'n syrthio i gysgu

15) Dyma be oedd y creadur: _____.

    a. mam Siân

    b. Gareth

    c. tad Siân

    ch. arth

Y Marchog

Pennod 1 – Aur

Amser maith yn ôl, roedd **teyrnas** fawr. Roedd hi'n llawn o bobl, anifeiliaid a phethau diddorol. Un diwrnod, daeth **marchog** i mewn i'r deyrnas. Roedd e'n gwisgo dillad du a gwyn. Roedd e'n edrych yn gryf iawn.

Daeth y marchog i mewn i'r dref fwya. Stopiodd yn sgwâr y farchnad. Roedd e eisiau prynu rhywbeth. Rhywbeth arbennig iawn.

Roedd sgwâr y farchnad yn fawr iawn. Roedd yn llawn o bobl. Roedd **amrywiaeth** o bethau ar werth. Cerddodd y marchog o gwmpas y sgwâr yn araf. Aeth e'n syth i gornel dywyll o'r farchnad. Yno, daeth e o hyd i **fasnachwr**.

Roedd dewis **anarferol** o eitemau ar stondin y masnachwr. Edrychodd y marchog ar y cynnyrch. 'Helô, fasnachwr,' meddai fe.

'Ie, syr?'

'Dw i'n chwilio am **drwyth**. Oes gyda ti botel ohono fe?'

'Trwyth? Nac oes, does dim trwyth yma. Dim o gwbl.'

Edrychodd y marchog **i fyw llygaid** y masnachwr. Wedyn, dwedodd e, 'Dw i'n credu dy fod di'n gwybod beth dw i eisiau.'

'O, ydw. O ... o ... trwyth. Ym, pa fath o drwyth?'

'Trwyth **nerth**.'

Edrychodd y masnachwr o gwmpas. Wedyn, edrychodd e ar y marchog. 'Does gyda fi ddim ohono fe fan hyn. Does dim llawer ar gael y dyddiau yma. Mae'n anodd dod o hyd i'r ... ym ... "eitem" dw i angen i wneud y trwyth.' Wedyn, stopiodd y masnachwr siarad ac edrychodd e o gwmpas eto. Wedyn, dwedodd e, 'Galla i wneud tipyn bach i ti, ond bydd e'n ddrud iawn.'

'Mae aur gyda fi. Dw i eisiau dwy botel o drwyth nerth. Pryd byddan nhw'n barod?'

'**Dere** 'nôl heno. Byddan nhw'n barod.'

Nodiodd y marchog a cherdded i ffwrdd.

Cerddodd y marchog ar draws y sgwâr. Roedd pobl yn edrych arno fe. Do'n nhw ddim yn nabod y marchog. Ond, roedd y marchog yn enwog. Roedd e'n **filwr** annibynnol. Ei enw e oedd Lars. Roedd e'n teithio o deyrnas i deyrnas. Roedd e'n **ymladd** â llawer o ddynion. Yn aml, roedd e'n ymladd dros frenhinoedd.

Croesodd Lars bont garreg. Wedyn, gwelodd e'r castell. Roedd e'n enfawr ac roedd y waliau'n dal. Cyrhaeddodd Lars ddrws y castell. Wedyn, daeth dau **warchodwr** i stopio Lars. 'Pwy wyt ti?' gofynnodd un o'r gwarchodwyr.

'Fy enw i yw Lars. Dw i eisiau gweld y brenin.'

'Alli di ddim. **Nawr**, cer i ffwrdd.'

Edrychodd Lars ar y gwarchodwr. Camodd yn ôl. Rhoiodd ei sach i lawr. Roedd llawer o eitemau anarferol yn y sach. Tynnodd Lars hen **sgrôl** o'r sach. Rhoiodd e hi i'r gwarchodwr.

'Edrycha ar y sgrôl yma. Y brenin wnaeth anfon y sgrôl,' meddai Lars.

Edrychodd y gwarchodwr ar y sgrôl. Roedd hi'n edrych yn **swyddogol**. Roedd symbol y brenin arni hi.

'Iawn,' meddai'r gwarchodwr. 'Dere i mewn.'

Symudodd y marchog ymlaen. Cerddodd i mewn i ystafell fawr iawn ac aros. Roedd yr ystafell yn hardd. Roedd llawer o warchodwyr yno. Edrychon nhw ar y marchog yn **amheus**. Ro'n nhw eisiau gwybod pam roedd e yno.

Cyn bo hir, daeth y brenin i mewn. Ei enw e oedd Cadwgan. Porffor oedd ei ddillad e. Porffor oedd lliw brenhinoedd. Roedd e'n gwisgo aur o gwmpas ei freichiau e a'i wddf e. 'Lars wyt ti?' gofynnodd y Brenin Cadwgan.

'Ie,' atebodd Lars. Daliodd Lars y sgrôl yn uchel. 'Dw i eisiau siarad â chi.'

'Dere gyda fi,' meddai'r brenin.

Aeth y Brenin Cadwgan a Lars i ystafell fach. Eisteddodd y ddau ddyn. Cynigiodd y brenin ddiod oer i Lars. Derbyniodd Lars y cynnig.

'Diolch yn fawr i ti am ddod,' meddai'r brenin wrth Lars. 'Cest ti fy neges, felly.'

'Do. Dw i hefyd wedi clywed bod angen help arnoch chi.'

'Beth glywaist ti, yn union?'

'Clywais i eich bod chi eisiau rhywun i gario **llwyth** o aur. Rhaid i rywun fynd â'r aur i Rhodri, eich brawd chi. Dych chi eisiau dyn gonest i wneud y gwaith. Fi yw'r dyn yna.'

Meddyliodd y brenin am amser hir. O'r diwedd, dwedodd e, 'Pam dylwn i roi'r gwaith yma i ti?'

'Dw i wedi eich helpu chi o'r blaen. Wnaf i ddim eich **bradychu** chi.'

'Mae **rhyfel** ac aur yn bethau gwahanol iawn. Ac mae llawer o aur gyda fi fan hyn.'

'Does dim angen aur arna i. Mae digon o aur gyda fi.'

'Felly pam rwyt ti yma?'

'Dw i'n hoffi teithio a **darganfod** pethau gwahanol.'

Meddyliodd y Brenin Cadwgan am foment. Roedd e'n edrych yn amheus. Gwenodd Lars. Ar ôl moment fach arall, dwedodd y brenin, 'Iawn, Lars. Cer â'r aur i fy mrawd i. Bydda i'n dweud wrth fy ngwarchodwyr i.'

'Diolch, Frenin Cadwgan.'

'Paid â diolch i fi eto: yn gyntaf, rhaid i fi gael neges oddi wrth Rhodri i ddweud bod yr aur wedi cyrraedd. Wedyn, bydda i'n rhoi aur i ti.'

Gadawodd Lars y castell. Cerddodd e draw at y gwarchodwyr. Gwaeddodd un o'r gwarchodwyr, 'Felly, rwyt ti 'nôl? Clywon ni'r neges. Wyt ti'n mynd â'r aur i deyrnas Rhodri?'

'Ydw.'

'Wel, taith ddiogel i ti!' chwarddodd y gwarchodwr. 'Mae llawer o **beryglon** ar y ffordd. Wnei di ddim cyrraedd, byth!' Chwarddodd y gwarchodwyr eraill hefyd. Wedyn, roedd y gwarchodwr yn fwy **difrifol**. 'Ddynion,' galwodd, 'Paratowch yr aur. Byddan nhw'n gadael yfory.'

Erbyn hyn, roedd hi'n tywyllu. Aeth y marchog 'nôl i sgwâr y farchnad. Daeth e o hyd i'r masnachwr. 'Ydy'r trwythau'n barod?' gofynnodd e.

'Ydyn, dyma nhw. Doedd hi ddim yn hawdd! Ac ro'n nhw'n ddrud iawn. Felly, dw i eisiau chwe darn o aur, os gweli di'n dda.'

Edrychodd y marchog yn **syn**. Rhoiodd e'r aur i'r masnachwr. Rhoiodd y masnachwr y trwythau iddo fe. 'Diolch, syr,' meddai'r masnachwr. 'Dydd da i ti.'

Cerddodd y marchog i ffwrdd heb ddweud dim.

Y diwrnod wedyn, daeth tri gwarchodwr i weld Lars. Ro'n nhw'n ymuno â'r marchog ar y daith. Ro'n nhw'n cario **arfau**. Ro'n nhw'n barod i ymladd tasai rhaid iddyn nhw.

Cerddodd y pedwar dyn at Ffordd y Gogledd. Roedd hi'n mynd yn syth at deyrnas Rhodri. Ar bwys y ffordd, roedd y ceffylau a'r aur yn aros.

Enw'r prif warchodwr oedd Bleddyn. Trodd e i edrych ar Lars. 'Wyt ti'n barod?' gofynnodd e.

'Ydw. Awn ni nawr.'

'Cyn i ni adael,' meddai Bleddyn, 'rhaid i fi ddweud rhywbeth wrthot ti. Ni yw prif warchodwyr y brenin. Byddwn ni'n dy warchod di ar y daith. Ond dim ti yw perchennog yr aur yma. Os byddi di'n trio dwyn yr aur, byddwn ni'n dy ladd di.'

'Diolch am esbonio hynny,' meddai Lars. Roedd e'n gwenu.

Edrychodd Bleddyn i fyw llygaid Lars. 'Dyw e ddim yn ddoniol. Mae'n wir.'

'Dw i'n deall. Nawr, bant â ni.'

Roedd yr aur i gyd yng nghefn y **wagen**. Edrychodd Lars ar y sachau, wedyn gwenodd e. Dechreuodd y ceffylau symud. Dechreuodd y grŵp gerdded yn araf.

Adolygu Pennod 1

Crynodeb

Mae marchog o'r enw Lars yn teithio i deyrnas y Brenin Cadwgan. Mae e'n prynu dwy botel o drwyth nerth. Wedyn, mae e'n mynd i'r castell. Mae e'n siarad â'r brenin. Mae'r brenin yn gofyn i Lars fynd ag aur i frawd y brenin. Bydd tri gwarchodwr yn mynd gyda'r marchog. Bydd y gwarchodwyr yn cadw'r aur yn ddiogel. Byddan nhw'n lladd y marchog os bydd e'n mynd â'r aur. Mae'r grŵp yn dechrau ar eu taith nhw.

Geirfa

amser maith yn ôl a long time ago

teyrnas (-oedd) *eb* kingdom

marchog (-ion) *eg* knight

amrywiaeth *eb* variety, diversity

masnachwr (masnachwyr) *eg* merchant

anarferol unusual

trwyth (-au) *eg* tincture, infusion

(edrych) i fyw llygaid to look someone straight in the eye

nerth *eg* strength

dere come (*command form; N. form* **tyrd**)

nodio to nod

milwr (milwyr) *eg* soldier

ymladd to fight (*N. form* **cwffio**)

gwarchodwr (gwarchodwyr) *eg* minder, bodyguard

nawr now (*N. form* **rŵan**)

sgrôl (sgroliau) *eb* scroll

swyddogol official

amheus suspicious

llwyth (-au) *eg* load

bradychu to betray
rhyfel (-oedd) *eg* war
darganfod to discover
perygl (-on) *eg* danger
difrifol serious
syn amazed, surprised
arf (-au) *eg* weapon
wagen (-ni) *eb* wagon

Cwestiynau Darllen a Deall

Dewiswch un ateb yn unig ar gyfer pob cwestiwn.

1) Mae Lars yn gwisgo dillad _____.
   - a. coch a du
   - b. du a gwyn
   - c. du a glas
   - ch. coch a gwyn

2) Mae Lars yn prynu _____.
   - a. trwyth nerth
   - b. dau drwyth nerth
   - c. trwyth i gael aur
   - ch. dau drwyth i gael aur

3) Ar bwys drws y castell, mae Lars yn siarad â _____.
   - a. y brenin
   - b. masnachwr anhapus
   - c. brawd y brenin
   - ch. gwarchodwr

4) Mae Lars a'r gwarchodwyr yn cario _____.

    a. arfau

    b. trwyth drud

    c. llwyth o aur

  ch. gwarchodwyr

5) Mae'r grŵp yn mynd _____.

    a. i deyrnas newydd

    b. i deyrnas brawd y Brenin Cadwgan

    c. i deyrnas y Brenin Cadwgan

  ch. i farchnad y deyrnas

Pennod 2 – Y Daith

Aeth Lars a'r gwarchodwyr ar hyd Ffordd y Gogledd. Y tu ôl iddyn nhw, roedd y ceffylau a'r wagen oedd yn cario'r aur. Ar ôl tipyn bach o amser, dwedodd Bleddyn, y prif warchodwr, 'Lars, beth sy ar hyd y ffordd yma?'

'Dyw hi ddim yn ffordd hawdd. Mae hi'n beryglus iawn,' atebodd Lars.

'Felly, beth wnawn ni?'

'Wel, mae rhai dynion ac anifeiliaid peryglus ar hyd y ffordd yma. Dw i'n argymell dylen ni **gadw draw** a pheidio ag ymladd.'

'Wyt ti'n ymladd yn dda, Lars?'

'Dw i'n enwog achos fy sgiliau ymladd. Dw i'n gallu ymladd yn dda iawn.'

'Gobeithio,' meddai Bleddyn. Cerddon nhw ymlaen.

Cyn bo hir, roedd y tri dyn wedi cyrraedd pont garreg fawr. Roedd hi'n debyg i'r bont yng nghastell y Brenin Cadwgan.

'Lars,' meddai Bleddyn. 'Mae'r bont yma'n debyg iawn i bont y castell.'

'Ydy. Dy bobl di wnaeth ei hadeiladu hi amser maith yn ôl.'

'Fy mhobl i?'

'Ie. Pobl dy deyrnas di. Adeiladon nhw'r bont amser maith yn ôl. Adeiladon nhw hi am reswm pwysig. Ond wnaf i ddim esbonio hynny nawr.'

Croesodd y dynion y bont. Wedyn cerddon nhw i mewn i goedwig fawr. Roedd hi'n llawn o goed. Ond doedd dim anifeiliaid yno. A dweud y gwir, roedd hi'**n hollol** dawel.

'Pam mae'r goedwig yma mor dawel?' gofynnodd Bleddyn.

''Dyn ni yn Y Goedwig Dawel. Does dim anifeiliaid yma.'

'Pam?'

'Amser maith yn ôl, digwyddodd brwydr fawr yma. Brwydr rhwng y Brenin Cadwgan a'i frawd e.'

Roedd Bleddyn yn ifanc. Doedd e ddim yn gwybod am y frwydr. Roedd e'n meddwl bod y Brenin Cadwgan a'r Brenin Rhodri yn ffrindiau.

'Rwyt ti'n **synnu**, Bleddyn,' meddai Lars.

'Ydw,' atebodd Bleddyn.

'Pam?' gofynnodd Lars.

'Do'n i ddim yn meddwl bod y ddau frawd yn ymladd o gwbl.'

Chwarddodd Lars. 'O, dw i'n gweld. Wel, ro'n nhw'n arfer ymladd. Ond roedd hynny amser maith yn ôl.' Stopiodd Lars siarad. Cerddodd y dynion ymlaen.

Roedd Y Goedwig Dawel yn dywyll iawn. Roedd y coed yn dal. Doedd dim posib gweld golau dydd o gwbl. Yn nes ymlaen, gofynnodd Bleddyn, 'Wyt ti'n gwybod ble rwyt ti'n mynd, farchog?'

'Ydw. Dw i wedi bod yn fan hyn o'r blaen.'

'Pryd?' gofynnodd Bleddyn.

'Amser maith yn ôl,' meddyliodd Lars. Cofiodd e am y frwydr rhwng y Brenin Cadwgan a'r Brenin Rhodri.

Roedd hi'n un o'r brwydrau mwyaf erioed. Cyn y frwydr, enw'r goedwig oedd Coedwig yr Anifeiliaid. Ond ar ôl y frwydr, ei henw hi oedd Y Goedwig Dawel.

Siaradodd Lars eto. 'Pan o'n i'n ifancach, ymladdais i dros y Brenin Cadwgan. Ro'n i yn y frwydr yn y goedwig yma.'

'Pam o'n nhw'n ymladd?'

'Y Brenin Cadwgan wnaeth ddechrau'r peth.'

'Pam wnaeth e ymladd gyda'i frawd e?'

'Roedd y Brenin Cadwgan eisiau rhoi **ffynnon** yn y goedwig.'

Cerddodd Lars mewn tawelwch am amser hir. Roedd Bleddyn yn dawel hefyd, ond roedd e'n meddwl. Roedd e eisiau gwybod mwy am y frwydr fawr. Roedd e'n meddwl bod y Brenin Cadwgan yn frenin **heddychlon**.

'Gaf i ofyn rhywbeth i ti, Lars?'

'Cei.'

'Pa fath o ffynnon yw hi?'

'Arhosa i weld,' meddai Lars.

Roedd Lars a Bleddyn yn dawel am awr. Siaradodd y gwarchodwyr eraill yn dawel weithiau. Doedd dim byd yno – dim ond coed a thawelwch. O'r diwedd, ro'n nhw ar bwys llyn. ''Dyn ni wedi cyrraedd,' meddai'r marchog.

'Beth yw hwn?'

'Amser maith yn ôl, ffynnon oedd y llyn yma.'

'Y ffynnon yn y frwydr?'

'Ie.'

Cerddodd y gwarchodwyr a'r marchog at y llyn. Siaradodd Lars o'r diwedd. 'Amser maith yn ôl, roedd ffynnon yma. Doedd dim llawer o ddŵr yn y ffynnon. **Dim byd tebyg i** hyn. Ond roedd y dŵr gwreiddiol yn hud. Taset ti'n yfed y dŵr, baset ti'n cael **pŵer** arbennig.'

'Pa fath o bŵer?' gofynnodd un o'r gwarchodwyr.

'Taset ti'n yfed y dŵr, baset ti'n mynd yn gryf iawn.'

Cododd Bleddyn dipyn bach o ddŵr yn ei ddwylo fe. Yfodd e'r dŵr.

'Mae e'n blasu'n normal,' meddai fe.

'Ydy, wrth gwrs,' meddai Lars. 'Dŵr **cyffredin** yw e nawr. Ond dŵr **hud** oedd e amser maith yn ôl.'

Sychodd Bleddyn ei ddwylo fe, a gofyn, 'Felly, beth ddigwyddodd? Pam does dim hud yn y dŵr nawr?'

Edrychodd Lars arno fe a dechrau'r stori. 'Roedd Cadwgan a Rhodri eisiau pŵer. Ro'n nhw'n barod i wneud unrhyw beth i gael pŵer. Un diwrnod, clywon nhw am ffynnon hud. Ffynnon oedd yn gwneud pobl yn gryf. Yn syth, roedd y ddau frenin eisiau'r ffynnon yma. Rhedon nhw'n gyflym i'r goedwig. Pan gwrddon nhw ar bwys y ffynnon, dechreuodd yr ymladd.'

'Beth wnaethon nhw?'

'Galwodd y ddau frenin ar eu milwyr nhw. Aeth y frwydr ymlaen am ddyddiau, wythnosau ac yna, misoedd. Roedd yn ofnadwy. Yn ystod y frwydr, yfodd y dynion gymaint â phosib o'r dŵr. Ro'n nhw eisiau bod yn gryf, i ennill y frwydr. Ro'n nhw'n gadael i'r ceffylau rowlio ynddo fe. Ro'n nhw'n cerdded drwy'r dŵr ac yn ymolchi ynddo fe. Aethon nhw â'r dŵr i gyd. Cyn bo hir, roedd y dŵr yn **ffiaidd**. Do'n nhw ddim yn gallu defnyddio'r dŵr wedyn.'

Edrychodd e ar y gwarchodwyr. 'Cyn bo hir, sychodd y ffynnon. Daeth y glaw, a gwnaeth y glaw greu'r llyn. Ond dim dŵr hud yw e nawr.'

Edrychodd Bleddyn arno fe. 'Felly, diwedd y dŵr hud oedd hynny?'

'Nage,' atebodd Lars. Edrychodd e'n ddifrifol ar Bleddyn. 'Roedd Rhodri wedi cadw tipyn bach o'r dŵr hud. Ac roedd e'n gwybod cyfrinach. Rwyt ti'n gallu gwneud dŵr hud. Mae angen dŵr hud gwreiddiol ac amser, ond mae'n bosib.'

'Felly, dyna'r gyfrinach ...' dechreuodd Bleddyn.

'Wel, rhan o'r gyfrinach. Dere nawr. Gad i ni adael y goedwig yma.'

Aeth y grŵp ymlaen. Gadawon nhw'r goedwig yn gyflym. Roedd yr haul yn **disgleirio**. Doedd y coed ddim mor dal. Ro'n nhw'n gweld golygfa hardd o'r wlad.

'Ble 'dyn ni?' gofynnodd Bleddyn.

''Dyn ni bron wedi cyrraedd castell Rhodri. Diolch byth, doedd dim byd peryglus yn y goedwig.'

Edrychodd Bleddyn arno fe. 'Oes pethau peryglus iawn yn y goedwig?'

Edrychodd Lars yn ôl. 'Oes. Pam rwyt ti'n meddwl gwnaethon ni deithio yn y dydd? Maen nhw fel arfer yn dod mas yn y nos.'

'Pam wnest ti ddim dweud wrtha i?'

'Do'n i ddim yn meddwl baset ti'n dod taset ti'n gwybod hynny,' meddai Lars. Chwarddodd e. Wedyn, dwedodd e, 'Iawn, bant â ni.'

Cyn bo hir, roedd y grŵp yn gallu gweld tref. Yn y dref, roedd castell mawr. Doedd y gwarchodwyr ddim wedi bod mewn teyrnas arall o'r blaen. 'Dyma hi?' gofynnodd Bleddyn.

'Ie, dyma'r deyrnas. A dyna gastell Rhodri. Byddwn ni'n mynd â'r aur yno.'

Roedd Bleddyn yn dawel am funud. Wedyn, dwedodd e, 'Dw i eisiau gofyn rhywbeth i ti ...'

'Iawn, wrth gwrs.'

'Beth yw yr aur yma? **Treth**?'

'Collodd y brenin Cadwgan frwydr Y Goedwig Dawel. Felly nawr, rhaid iddo fe roi aur i'w frawd e, bob pum mlynedd.'

'Pam mae e'n talu? Pam 'dyn nhw ddim yn gallu **cymodi**?'

'Maen nhw wedi cymodi. Ond mae rhywbeth arbennig gyda Rhodri. Does gyda Cadwgan ddim y peth yma. Felly, rhaid i Cadwgan ei brynu e.'

Edrychodd Bleddyn yn syn ar Lars. 'Beth sy gyda Rhodri?'

'Mwy o ddŵr hud. Mae Cadwgan yn prynu'r dŵr i gadw'r bobl yn hapus. Maen nhw'n defnyddio'r dŵr i wneud trwyth nerth. Fel y ddau drwyth yma.' Estynnodd Lars y trwyth brynodd e yn y farchnad.

'Dw i wedi clywed am y trwyth yma! Ydy e'n gweithio?'

'Ydy,' meddai Lars. Cadwodd e'r poteli'n saff ac edrych ar Bleddyn. 'Ond dim ond os oes dŵr hud **go iawn** ynddyn nhw. Dere nawr. Rhaid i ni fynd.'

Adolygu Pennod 2

Crynodeb

Mae Lars a gwarchodwyr y Brenin Cadwgan yn dechrau ar eu taith nhw. Ar y ffordd, mae'r marchog yn dweud stori. Ymladdodd Cadwgan yn erbyn ei frawd e, Rhodri, mewn brwydr fawr. Ro'n nhw'n ymladd dros ffynnon ddŵr hud. Roedd y dŵr hud yn rhoi pŵer i bobl. Yn y frwydr, collon nhw'r dŵr. Ond roedd dŵr hud gyda Rhodri o hyd. Roedd e wedi bod yn gwerthu'r dŵr hud i'r Brenin Cadwgan. Mae Cadwgan yn anfon aur i dalu am y dŵr hud.

Geirfa

cadw draw to keep away

yn hollol completely, wholly

synnu to be surprised

ffynnon (ffynhonnau) *eb* fountain, well

heddychlon peaceful

dim byd tebyg i nothing similar to, not at all alike

pŵer (pwerau) *eg* power

cyffredin ordinary, common

hud *eg* magic

ffiaidd foul, disgusting

disgleirio to shine

treth (-i) *eb* tax

cymodi to reconcile

go iawn real, not imitation

Cwestiynau Darllen a Deall

Dewiswch un ateb yn unig ar gyfer pob cwestiwn.

6) Mae Lars y marchog _____.
   a. yn gwybod y ffordd i deyrnas Rhodri
   b. wedi anghofio'r ffordd i deyrnas Rhodri
   c. yn gofyn am help i gyrraedd teyrnas Rhodri
   ch. yn mynd ar goll ar y ffordd i deyrnas Rhodri

7) Mae _____ yn teithio i deyrnas Rhodri.
   a. tri gwarchodwr a Lars
   b. dau warchodwr a Lars
   c. un gwarchodwr a Lars
   ch. Lars yn unig

8) Yn Y Goedwig Dawel _____.
   a. does dim byd wedi digwydd erioed
   b. roedd brwydr rhwng dau frawd
   c. roedd brwydr rhwng pobl eraill
   ch. mae llawer o anifeiliaid

9) Mae'r ffynnon yn Y Goedwig Dawel _____.
   a. yna o hyd
   b. yn stori, a doedd hi ddim yno go iawn
   c. wedi mynd erbyn hyn
   ch. yn llyn: doedd dim ffynnon yna o'r blaen

10) Ar ôl gadael Y Goedwig Dawel _____.
    a. mae ail goedwig
    b. mae'r grŵp yn gallu gweld y môr
    c. mae'r grŵp yn penderfynu mynd 'nôl i deyrnas y
       Brenin Cadwgan
    ch. mae'r grŵp yn gallu gweld teyrnas y Brenin Rhodri

Pennod 3 – Y Gyfrinach

Cerddodd Lars, Bleddyn a'r gwarchodwyr tuag at gastell Rhodri.

'Sut awn ni i mewn i'r castell?' gofynnodd Bleddyn.

'Trwy'r drws blaen,' meddai Lars. Chwarddodd e'n uchel. Wedyn, edrychodd e ar Bleddyn, gydag **golwg ryfedd** yn ei lygaid e.

Edrychodd Bleddyn arno fe heb ddweud dim. 'Dyw hyn ddim yn teimlo'n iawn,' meddyliodd Bleddyn.

Cerddodd y grŵp drwy'r wlad. Roedd llawer o goed a chaeau yno. Roedd gwair dros y caeau. Ar y ffordd, pasion nhw lawer o ffermwyr. Roedd y ffermwyr yn byw y tu fas i waliau'r castell. Ro'n nhw'n tyfu bwyd i fwydo'r deyrnas.

Gwelodd un o'r ffermwyr y grŵp. Ro'n nhw ar bwys ei gae e. Stopiodd e weithio i siarad â nhw. 'Prynhawn da, syr!' meddai'r ffermwr wrth Lars.

'Prynhawn da,' galwodd Lars yn ôl.

'Ble dych chi'n mynd?'

''Dyn ni'n mynd i'r castell. Rhaid i ni weld y brenin.'

Daeth gwraig y ffermwr draw atyn nhw. 'Pwy yw'r dynion yma?' **sibrydodd** hi wrth ei gŵr hi. Wnaeth ei gŵr hi ddim ateb. Wedyn, gofynnodd y ffermwr, 'Pwy dych chi? Dw i'n gweld bod eich ceffylau chi'n cario llwyth.'

'Y Brenin Cadwgan anfonodd ni yma. Mae e wedi rhoi tasg bwysig i ni.'

Roedd y ffermwr yn dawel. Wedyn, siaradodd e, 'Gobeithio bod dim byd drwg wedi digwydd?' edrychodd e ar Lars yn bryderus.

'Na, paid â phoeni,' atebodd Lars a gwenu. 'Mae popeth yn iawn.'

'Wel. Taith dda i chi, felly,' meddai'r ffermwr. Aeth e 'nôl i weithio.

Cerddodd y grŵp ymlaen ar draws y caeau. Trodd Bleddyn at y marchog, 'Ro'n nhw'n edrych yn ofnus,' meddai fe.

'Ro'n nhw'n ofnus.'

'Ond pam?'

'Achos bod **cyfrinach**. Dim ond pobl y deyrnas yma sy'n gwybod y gyfrinach. Ac maen nhw eisiau cadw'r gyfrinach.'

'A beth yw hi? Ydy'r gyfrinach yn beryglus?'

Wnaeth Lars ddim ateb.

Cyn bo hir, daeth y dynion at bont garreg fawr. Roedd hi'n agos at y castell. Eto, roedd hi'n debyg iawn i bont castell y Tywysog Cadwgan. Roedd dau warchodwr ar y bont. Daeth un o'r gwarchodwyr draw atyn nhw. Edrychodd e ar Bleddyn, 'Chi yw dynion y Brenin Cadwgan?'

'Ie. Dw i'n **cynrychioli**'r brenin,' atebodd Bleddyn. Wedyn, pwyntiodd e at Lars. 'Mae'r marchog yma wedi cadw pawb yn ddiogel ar y daith. Mae'r ddau warchodwr arall gyda ni.'

Edrychodd y gwarchodwr ar y wagen. Wedyn, gofynnodd e, 'Aur yw **hwnna**?'

'Ie,' atebodd Lars. 'Dyma'r aur.'

'Iawn,' atebodd y gwarchodwr. 'Cewch chi ddod i mewn.'

Edrychodd Bleddyn yn syn ar Lars. 'Mae Lars yn nabod teyrnas Rhodri yn dda iawn,' meddyliodd Bleddyn.

Rhoiodd y gwarchodwr arwydd i agor y drws. Roedd gwarchodwr arall yn sefyll wrth y drws wrth iddyn nhw fynd i mewn. Cerddon nhw i sgwâr marchnad y castell. Roedd llawer o bobl yno. Roedd llawer ohonyn nhw'n fasnachwyr. Ffermwyr oedd y lleill.

Cerddodd y grŵp ar draws y sgwâr. Yn sydyn, roedd Bleddyn yn edrych yn syn. 'Dw i'n nabod y lle yma,' meddai fe.

'Mae e'n debyg iawn i sgwâr y farchnad yng nghastell y Brenin Cadwgan,' meddai Lars.

'Ydy. Mae e bron yn union yr un peth!'

'Amser maith yn ôl, roedd y ddwy deyrnas yn **unedig**,' esboniodd Lars. 'Dyna pam maen nhw mor debyg. Ond roedd hynny cyn y frwydr fawr. Nawr, 'dyn nhw ddim yn **cymysgu â'i gilydd**. Dyw pobl y ddwy deyrnas ddim yn hoffi ei gilydd o gwbl.'

Aeth y ceffylau a'r wagen yn agosach at ddrysau'r castell. Roedd y castell hefyd yn debyg iawn i gastell y Brenin Cadwgan. A dweud y gwir, roedd y **strwythur** yn union yr un peth.

Aeth y ddau warchodwr arall ati i **ddadlwytho**'r aur. Aeth Lars a Bleddyn i weld y Brenin Rhodri. Aethon nhw i mewn i ystafelloedd y brenin.

Gwaeddodd y Brenin Rhodri, 'Croeso i fy nheyrnas i!'

'Prynhawn da, Eich Mawrhydi,' atebodd Lars.

'Lars, ti sy 'ma! Mae'n braf iawn dy weld di.'

'Mae'n braf iawn eich gweld chi, hefyd, Eich Mawrhydi.'

Doedd Bleddyn ddim yn deall o gwbl. 'Sut roedd Lars a'r brenin yn nabod ei gilydd?' meddyliodd e.

'Wyt ti wedi dod â'r aur, Lars?'

'Ydw, mae e'n barod i chi.'

'Ardderchog. 'Dyn ni'n gallu dechrau ein **cynllun** nawr.'

Roedd Bleddyn yn edrych yn syn. 'Pa gynllun yw hwnna?' meddyliodd e.

Estynnodd Lars y trwythau nerth. Roedd e wedi dod â nhw o deyrnas y Brenin Cadwgan. Rhoiodd e'r trwythau i'r Brenin Rhodri. **Mesurodd** Rhodri y trwythau'n ofalus.

'Beth sy'n digwydd?' gofynnodd Bleddyn.

Edrychodd Lars a Rhodri ar ei gilydd. Wedyn, siaradodd Lars. 'Rhaid i fi ddweud rhywbeth wrthot ti, Bleddyn,' dechreuodd e.

Camodd Bleddyn yn ôl. Roedd ofn arno fe. Sut roedd y brenin a Lars yn nabod ei gilydd? Pam wnaeth Lars brynu'r trwythau nerth? Roedd dŵr hud gyda'r brenin Rhodri. Basai fe'n gallu gwneud y trwythau ei hunan!

Cerddodd Lars ato fe. 'Bleddyn,' dechreuodd e eto. 'Gorffennodd y dŵr hud yn y wlad yma amser maith yn ôl.'

'Beth? Ydy'r Brenin Cadwgan yn gwybod?'

'Nac ydy, dyw e ddim.'

'Ond rhaid i ni ddweud wrtho fe!' Edrychodd Lars ar Bleddyn, heb ddweud dim. Roedd Bleddyn yn dechrau teimlo'n amheus. 'Pam wnest ti roi'r trwythau nerth i'r brenin yma? Rwyt ti'n mynd yn erbyn y Brenin Cadwgan!'

'Does dim llawer o drwyth nerth ar ôl. Does dim mwy o ddŵr hud. Wyt ti'n deall?'

Nodiodd Bleddyn.

Aeth Lars ymlaen, '**Efallai** basen ni'n gallu gwneud mwy o ddŵr hud. Byddwn ni'n defnyddio'r trwythau yma yn lle dŵr gwreiddiol.' Wedyn, ychwanegodd Lars, ''Dyn ni bob amser wedi defnyddio dŵr gwreiddiol. Ond efallai bydd hwn yn gweithio. Gobeithio.'

Roedd Bleddyn yn **grac**. ''Dyn ni wedi talu'r aur am ddim byd? **Twyllaist** di fi, Lars!' gwaeddodd e. 'Rwyt ti wedi bradychu'r Brenin Cadwgan hefyd!'

'Do, dwedais i **gelwydd**. Ond gwnes i hynny i gadw'r **heddwch**,' meddai Lars. 'Dw i ddim eisiau gwaed ar fy nwylo i.' Edrychodd e ar Bleddyn. Roedd e'n gobeithio basai fe'n deall.

'Sut bydd hyn yn cadw'r heddwch?' atebodd Bleddyn. 'Y gyfrinach yw, does dim mwy o ddŵr hud. Does neb yn gwybod nawr. Ond cyn bo hir, bydd pobl yn dod i wybod. Wedyn, bydd Cadwgan yn gwybod dy fod di wedi dwyn yr aur.'

Doedd Lars ddim yn gwenu nawr. 'Bleddyn, rhaid i ni wneud yn siŵr bod y Brenin Cadwgan ddim yn cael gwybod bod dim dŵr hud. Basai hynny'n **achosi** rhyfel. Basai'r heddwch yn gorffen. Bydd y Brenin Cadwgan yn **ymosod** ar Rhodri.'

'Felly byddi di'n gwneud dŵr hud i Cadwgan gyda'r trwythau?' gofynnodd Bleddyn.

'Bydda, i gadw'r heddwch.' Wedyn ychwanegodd Lars, 'Os bydd hynny'n bosib.'

Edrychodd Bleddyn yn amheus ar Lars eto. Roedd e'n poeni. 'Beth wyt ti'n feddwl *"os bydd hynny'n bosib"*?'

Edrychodd Lars ar Bleddyn. Wedyn, siaradodd e'n araf. 'Fel dwedais i, fel arfer 'dyn ni'n gwneud dŵr hud newydd gyda dŵr hud **pur**. 'Dyn ni'n cymysgu dŵr hud gyda dŵr cyffredin. Mae'r dŵr cyffredin yn troi'n hud. Does dim dŵr hud pur ar ôl. Mae'r dŵr gwreiddiol wedi mynd.'

'Ac?'

'Wel, byddwn ni'n trio.'

'Trio beth?'

'Byddwn ni'n trio gwneud dŵr hud o'r trwythau yma. Mae dŵr hud yn y trwythau. Byddwn ni'n cymysgu'r trwythau gyda'r dŵr cyffredin. Efallai bydd e'n troi'r dŵr cyffredin yn ddŵr hud.'

'Efallai? Efallai?' gwaeddodd Bleddyn. 'A beth os na wnaiff e hynny? Fel dwedaist ti, does dim dŵr hud ar ôl ...'

Roedd Lars yn dawel. Ar ôl moment fach, atebodd y Brenin Rhodri. 'Os dyw'r trwyth ddim yn gweithio,' esboniodd e, 'dim brwydr Y Goedwig Dawel oedd y frwydr ola. Bydd rhyfel.'

Adolygu Pennod 3

Crynodeb

Mae Lars a'r gwarchodwyr yn cyrraedd teyrnas y Brenin Rhodri. Mae Lars a'r brenin yn nabod ei gilydd. Mae'r marchog yn rhoi'r ddau drwyth nerth i'r brenin. Wedyn, mae Lars yn dweud cyfrinach fawr wrth Bleddyn. Does gyda Rhodri ddim dŵr hud. Bydd Rhodri a Lars yn trio gwneud mwy o ddŵr hud. Byddan nhw'n defnyddio'r trwythau. Os 'dyn nhw ddim yn gallu gwneud mwy o ddŵr, mae Rhodri yn dweud bydd rhyfel arall.

Geirfa

golwg ryfedd strange look

sibrwd to whisper

cyfrinach (-au) *eb* secret

cynrychioli to represent

hwnna that (*with reference to a masculine noun*)

unedig united

cymysgu â'i gilydd to mix with each other

strwythur (-au) *eg* structure

dadlwytho to unload

cynllun (-iau) *eg* plan

mesur to measure

camu to step

efallai maybe, perhaps (*N. form* **ella**)

crac angry (*N. form* **blin**)

twyllo to trick, to cheat

celwydd (-au) *eg* lie, untruth

heddwch *eg* peace

achosi to cause

ymosod (ar) to attack

pur pure

Cwestiynau Darllen a Deall

Dewiswch un ateb yn unig ar gyfer pob cwestiwn.

11) Y person cynta yn y deyrnas i siarad â Lars a'r grŵp yw
_____.

    a. y brenin

    b. gwarchodwr

    c. ffermwr

    ch. gwraig y ffermwr

12) Mae sgwâr y farchnad yn nheyrnas Rhodri _____.

    a. yn wahanol iawn i sgwâr y farchnad yn nheyrnas Cadwgan

    b. yn debyg iawn i sgwâr y farchnad yn nheyrnas Cadwgan

    c. ar gau

    ch. yn cynnwys ffynnon hud

13) Mae Lars a'r Brenin Rhodri yn _____.

    a. ymladd

    b. cwrdd am y tro cyntaf

    c. nabod ei gilydd

    ch. gweithio i'r Brenin Cadwgan

14) Mae Lars yn rhoi _____ i Rhodri.

    a. arfau

    b. un trwyth nerth

    c. dau drwyth nerth

    ch. ffynnon hud

15) Mae cyfrinach yn nheyrnas Rhodri, sef _____.

    a. does dim mwy o ddŵr hud ar ôl

    b. mae'r Brenin Rhodri yn mynd i ymosod ar Cadwgan

    c. Lars yw brenin teyrnas Rhodri

    ch. dim aur go iawn yw e

Yr Oriawr

Pennod 1 – Y Chwedl

Oriadurwr oedd Carwyn. Roedd e yn ei 40au ac yn sengl. Roedd ei rieni e'n byw yng Nghaerdydd. Roedd e'n byw ar ei ben ei hun yng Ngheredigion. Roedd e'n byw mewn bwthyn bach ar stryd dawel yng Ngheinewydd.

Dyn tal a thenau oedd Carwyn, ond roedd e'n gryf iawn. Roedd **gweithdy** gyda fe. Roedd e'n trwsio oriorau ac yn gwneud oriorau hefyd. Ro'n nhw'n oriorau **o safon uchel**. Roedd e'n gwneud ac yn trwsio pethau eraill weithiau, hefyd.

Roedd Carwyn yn gweithio oriau hir. Roedd e fel arfer yn gweithio'n hwyr. Roedd ei weithdy e ar bwys Traeth Dolau. Ar ddiwedd y dydd, roedd e'n hoffi mynd am dro i'r traeth i ymestyn ei goesau e.

Un noson, **cwrddodd** Carwyn **â**'i ffrind e pan oedd e'n mynd am dro. Ei henw hi oedd Siwan. 'Carwyn! Sut wyt ti?' gofynnodd hi.

'Shwmae, Siwan. Beth wyt ti'n wneud yma?'

'Dw i'n cerdded. Fel ti,' chwarddodd Siwan.

'Dw i'n gweld. Wel, beth am gerdded gyda'n gilydd felly?'

Cerddodd Carwyn a Siwan am amser hir. Siaradon nhw am lawer o bethau. Siaradon nhw am eu teuluoedd nhw. Siaradon nhw am bopeth yn gyffredinol. Pan o'n nhw'n cerdded, gofynnodd Siwan, 'Sut mae dy waith di? Wyt ti'n brysur?'

'Ydw, dw i'n brysur. Mae llawer o waith gyda fi. Dw i'n hapus iawn.'

'Da iawn, Carwyn.'

Swyddog diogelwch oedd Siwan. Roedd hi'n gwylio'r cychod ar bwys y traeth. Dwedodd hi wrth Carwyn ei bod hi'n hoffi ei swydd hi. Roedd hi'n gweld llawer o bethau diddorol ar y traeth, ac roedd hi wedi dod o hyd i rywbeth diddorol iawn y diwrnod yna.

'Carwyn,' dechreuodd Siwan. 'Ro'n i'n gobeithio dy weld di, a dweud y gwir.'

'Wir?' meddai Carwyn.

'O'n. Ffeindiais i rywbeth ar y traeth heddiw. A dw i ddim yn gwybod beth i wneud.'

'Beth ffeindiaist di, Siwan?'

Dangosodd Siwan oriawr iddo fe. Roedd hi'n edrych yn hen iawn. Roedd hi'n oriawr o safon uchel. 'Wyt ti'n gwybod pa fath o oriawr yw hi?' gofynnodd hi.

'**Gad i fi** ei gweld hi,' meddai Carwyn.

Daliodd Carwyn yr oriawr. Edrychodd e'n agos arni hi. 'Does dim syniad gyda fi pa fath o oriawr yw hi,' meddai fe, o'r diwedd.

Roedd Siwan yn **synnu**. 'Dwyt ti ddim yn gwybod unrhyw beth amdani hi?'

'Wel, dw i'n gwybod ei bod hi'n oriawr. Ond mae hi'n hen iawn. Dw i ddim yn siŵr ...' Stopiodd e siarad ac edrych arni hi. 'Oes rhaid i ti fynd i'r gwaith nawr, Siwan?'

'Nac oes. Dw i wedi gorffen am heddiw.'

'**Dere** gyda fi i'r gweithdy, felly. Efallai bod gwybodaeth am yr oriawr yn fy llyfrau i.'

Aeth Carwyn a Siwan i weithdy Carwyn. Roedd y gweithdy yn hen iawn. Y tu mewn i'r gweithdy, roedd llawer o offer ac oriorau. Roedd Carwyn yn eu defnyddio nhw yn ei waith e. Doedd Siwan ddim wedi bod yn y gweithdy o'r blaen. Roedd hi'n meddwl ei fod e'n ddiddorol iawn. 'Waw!' meddai hi. 'Mae llawer o bethau yma!'

'Oes – wel, mae llawer o waith gyda fi. Dw i'n mwynhau fy ngwaith i.'

'Mae hynny'n dda, Carwyn.'

Gofynnodd Carwyn i Siwan ddod gyda fe. Rhoiodd hi'r oriawr i lawr a cherdded i ystafell arall. Roedd llawer o lyfrau yno. Ro'n nhw'n fawr iawn ac yn hen iawn. Roedd hi'n amhosib darllen llawer o'r enwau. 'Beth 'dyn ni'n wneud fan hyn?' gofynnodd Siwan.

''Dyn ni'n chwilio am wybodaeth,' atebodd Carwyn.

'Gwybodaeth am beth?'

'Am y math yma o oriawr. Dw i heb weld oriawr debyg i'r oriawr yma o'r blaen!'

Edrychodd Carwyn a Siwan drwy'r llyfrau. Ar ôl ychydig o funudau, ffeindiodd Siwan rywbeth. Roedd e mewn llyfr am **Fôr y Caribî**. 'Carwyn! Gwranda ar hyn!' galwodd hi.

Caeodd Carwyn ei lyfr e, ac aeth e draw at Siwan. 'Beth yw e?'

'Llyfr am **fôr-ladron** yw e!'

Roedd Carwyn yn synnu. Llyfr am fôr-ladron? Pam roedd rhywbeth am oriawr mewn llyfr am fôr-ladron? Doedd e ddim yn gwneud **synnwyr**.

Esboniodd Siwan, 'Enw'r llyfr yw "Môr-ladron y Caribî." Mae e am fyddin Lloegr yn ymladd yn erbyn môr-ladron ym Môr y Caribî.'

'Ond dw i ddim yn deall. Beth am yr oriawr?'

'Gwranda,' meddai Siwan. 'Yn ôl y llyfr yma, roedd môr-leidr enwog. Ei enw e oedd Harri Morgi. Roedd oriawr arbennig gyda fe. Maen nhw'n dweud bod pwerau rhyfedd gyda hi.'

'Pwerau rhyfedd? Pa fath o bwerau rhyfedd?' gofynnodd Carwyn.

'Roedd pobl yn dweud bod Harri Morgi'n gallu teithio drwy amser!' Trodd Siwan y dudalen ac aeth hi ymlaen, 'Mae'n dweud bod yr oriawr yn ei helpu e i deithio drwy amser!'

Chwarddodd Carwyn a dweud, 'Dim ond hen **chwedl** yw hi. Môr-leidr oedd yn teithio drwy amser? Gydag oriawr? Amhosib!' chwarddodd Carwyn.

Y funud yna, daeth sŵn o'r gweithdy. 'Beth oedd **hwnna**?' gofynnodd Carwyn.

'Dw i ddim yn gwybod,' atebodd Siwan. 'Dere i weld!'

Aeth y ddau ffrind yn ôl i'r gweithdy. Edrychon nhw o'u cwmpas. Roedd yr oriawr wedi mynd! 'Mae rhywun wedi **dwyn** yr oriawr!' **llefodd** Carwyn.

'Wyt ti'n gweld? Mae'r oriawr yna'n arbennig. Dyw hi ddim yn oriawr **arferol**!' meddai Siwan.

Wedyn, sylwodd Carwyn ar rywbeth arall. Roedd drws y gweithdy ar agor. Yn sydyn, clywodd e sŵn traed tu fas. Ro'n nhw'n rhedeg i lawr y stryd.

Edrychodd Carwyn ar Siwan a dechrau rhedeg. 'Dere!' gwaeddodd e arni hi.

Rhedodd Carwyn a Siwan mas o'r gweithdy. Rhedon nhw at y traeth. Pan gyrhaeddon nhw'r traeth, edrychodd Carwyn i lawr. Roedd **olion traed** yn y tywod. Ro'n nhw'n olion traed mawr a **dwfn**. Olion traed dyn mawr trwm.

Yn sydyn, stopiodd Siwan. Pwyntiodd hi at ddyn mawr yn gwisgo du. Roedd e'n rhedeg i lawr y traeth. 'Edrycha, Carwyn! Dyna fe!' gwaeddodd hi.

Rhedodd Carwyn ar ôl y dyn a gweiddi, 'Hei! Stopia! Stopia nawr!' Gwnaeth y dyn **anwybyddu** Carwyn. Rhedodd e'n gyflymach. Unwaith eto, gwaeddodd Carwyn, 'Stopia! Stopia nawr!'

Roedd y dyn yn anwybyddu Carwyn o hyd, felly rhedodd Carwyn yn gyflymach eto. O'r diwedd, daliodd e'r dyn. Gwthiodd Carwyn e. Cwympodd y ddau ar y tywod. Gwaeddodd y dyn yn uchel, 'Rhaid i ti adael i fi fynd! Wnes i ddim byd i ti! Fy oriawr i yw **hon**!'

Safodd Carwyn. Edrychodd e ar y dyn am funud fach. Roedd e'n dipyn o gymeriad. Doedd ei ddillad e ddim yn fodern. Ro'n nhw'n hen ffasiwn iawn. Ro'n nhw fel dillad o amgueddfa. Roedd ei wallt e'n rhyfedd hefyd. Roedd e fel gwallt rhywun amser maith yn ôl.

Gwyliodd Carwyn a Siwan y dyn. Cododd e'n araf. Glanhaodd e'r tywod oddi ar ei ddillad e. Roedd yr oriawr yn ei law dde e. Edrychodd e arnyn nhw'n amheus. 'Beth dych chi eisiau? Pam dych chi'n edrych arna i fel yna?' gwaeddodd e'n **grac**. Roedd y dyn mawr yn siarad ag acen anarferol iawn. Roedd ei Gymraeg e'n swnio'n rhyfedd iawn.

Edrychodd Carwyn arno fe a dweud, 'Gwnest ti ddwyn fy oriawr i. Dest di i mewn i fy ngweithdy i a dwyn yr oriawr.'

'Naddo!' meddai'r dyn mawr. 'Ti sy wedi dwyn fy oriawr i! Dw i wedi cael yr oriawr 'nôl nawr! Fy oriawr i yw hi.'

Edrychodd Carwyn a Siwan ar ei gilydd. Yn y diwedd, gofynnodd Siwan i'r dyn mawr, 'Pwy wyt ti?'

'Harri Morgi dw i. Nawr, esgusodwch fi. Rhaid i fi fynd yn ôl i'r **ail ganrif ar bymtheg**.'

Adolygu Pennod 1

Crynodeb

Mae Carwyn yn oriadurwr. Mae e'n byw yng Ngheredigion. Un diwrnod, mae e'n cwrdd â'i ffrind e, Siwan, ar y traeth. Mae Siwan yn dangos hen oriawr iddo fe. Wedyn maen nhw'n mynd yn ôl i weithdy Carwyn i astudio'r oriawr. Mae llyfr yn dweud bod môr-leidr o'r enw Harri Morgi yn arfer gwisgo oriawr fel yna. Roedd e'n defnyddio'r oriawr i deithio drwy amser. Yn sydyn, mae Carwyn a Siwan yn sylwi bod yr oriawr wedi mynd. Maen nhw'n clywed sŵn traed. Maen nhw'n mynd ar ôl dyn ar y traeth. Mae Carwyn yn dal y dyn. Enw'r dyn yw Harri Morgi. Mae e eisiau mynd yn ôl mewn amser gyda'r oriawr.

Geirfa

oriadurwr (oriadurwyr) *eg* watchmaker

gweithdy (gweithdai) *eg* workshop

o safon uchel of a high standard, of good quality

cwrdd â to meet with (*N. form* **cyfarfod â**)

gad i fi let me, allow me (to do something)

synnu to be surprised

dere come (*command form; N. form* **tyrd**)

Môr y Caribî Caribbean Sea

môr-leidr (môr-ladron) *eg* pirate

synnwyr (synhwyrau) *eg* sense

chwedl (-au) *eb* legend, tale, myth

hwnna that (*with reference to a masculine noun*)

dwyn to steal

llefain to cry (*N. form* **crïo**)

arferol usual, normal, regular

ôl troed (olion traed) *eg* footprint

dwfn deep

anwybyddu to ignore

hon this (*with reference to a feminine noun*)

crac angry (*N. form* **blin**)

yr ail ganrif ar bymtheg the seventeenth century

Cwestiynau Darllen a Deall

Dewiswch un ateb yn unig ar gyfer pob cwestiwn.

1) _____ yw Carwyn.
   - a. Oriadurwr
   - b. Glanhawr ar y traeth
   - c. Môr-leidr
   - ch. Swyddog diogelwch

2) Ar ddiwedd y dydd, mae Carwyn yn hoffi _____.
   - a. cerdded o gwmpas strydoedd Ceinewydd
   - b. cerdded o gwmpas ei weithdy e
   - c. cerdded ar hyd y traeth
   - ch. astudio oriorau

3) Siwan yw _____ Carwyn.
   - a. cariad
   - b. gwraig
   - c. merch
   - ch. ffrind

4) Yn ôl y chwedl, mae'r oriawr _____.
   - a. ar goll ers blynyddoedd
   - b. yn gallu dweud faint o'r gloch yw hi
   - c. yn hud
   - ch. yn oriawr o weithdy oriadurwr enwog

5) Mae'r oriawr yn mynd ar goll o weithdy Carwyn achos
   _____.

   a. bod Siwan yn dwyn yr oriawr
   b. bod dyn rhyfedd yn mynd â hi
   c. eu bod nhw'n colli'r oriawr
   ch. eu bod nhw'n gadael yr oriawr ar y traeth

Pennod 2 – Y Caribî

Edrychodd Carwyn a Siwan ar y dyn rhyfedd oedd yn sefyll **o'u blaenau nhw**. O'r diwedd, llwyddodd Carwyn i siarad. 'Yr ail ganrif ar bymtheg? Mynd yn ôl? Felly wyt ti'n dweud ... ti yw Harri Morgi, **go iawn**?' gofynnodd e. Ddwedodd y dyn ddim byd. Roedd e'n trio defnyddio'r oriawr.

Symudodd Carwyn yn agosach. Roedd y dyn yn edrych fel hen fôr-leidr. Roedd e'n gwisgo hen ddillad du. Dillad fel môr-leidr o'r Caribî. Môr-leidr, fel y cymeriadau yna mewn chwedlau a llyfrau. 'Ydy hyn yn wir?' gofynnodd Carwyn.

O'r diwedd, edrychodd y dyn arno fe ac ateb, 'Ydy, mae'n wir. Fi yw e.'

Nawr roedd Carwyn yn deall. Roedd pwerau rhyfedd gyda'r oriawr, go iawn. 'Felly mae'r chwedl yn wir!' meddai fe.

'Pa chwedl?' gofynnodd Harri.

'Y chwedl am dy oriawr di.'

Edrychodd e ar Carwyn a Siwan. 'Sut dych chi'n gwybod am fy oriawr i?' gofynnodd e.

Atebodd Siwan, 'Mae'r stori yn ein llyfr ni.'

'Llyfr, ddwedoch chi?' meddai Harri. Gwenodd e. 'Ha! Felly dw i'n enwog! Da iawn.'

'Na ... dwyt *ti* ddim yn enwog. Dim ond dy oriawr di.'

Cerddodd Harri ar draws y traeth. Roedd e'n meddwl. Edrychodd e ar yr oriawr a dweud, 'Fy oriawr i yw hi. Ond wnes i ddim prynu'r oriawr. Ffeindiais i hi. Cymerais i'r oriawr oddi wrth fôr-leidr arall.'

'Môr-leidr arall?' meddai Carwyn.

'Ie ... môr-leidr marw!' chwarddodd Harri. Wedyn, roedd e'n **ddifrifol**. 'Dw i ddim yn gwybod pwy oedd e. Does neb yn gwybod. Ond ces i hon!' dechreuodd e chwarae gyda'r oriawr eto.

Gwyliodd Carwyn Harri. Roedd e'n trio defnyddio'r oriawr. Ond doedd hi ddim yn gweithio. Wedyn, sylweddolodd Carwyn rywbeth. Roedd Harri Morgi wedi dod o hyd i'r oriawr. Ond doedd e ddim yn gwybod sut roedd hi'n gweithio. Doedd Harri ddim yn gwybod, chwaith, pam roedd pwerau rhyfedd gyda'r oriawr.

Edrychodd Carwyn ar y môr-leidr a dweud, 'Harri, wyt ti'n gwybod sut mae'r oriawr yn gweithio?'

'Wrth gwrs fy mod i!,' gwaeddodd Harri. Wedyn edrychodd e ar Carwyn eto. 'Iawn,' meddai fe. 'Dw i ddim yn gwybod sut mae hi'n gweithio. Dw i'n meddwl bod **elfennau** gwahanol yn **effeithio ar** yr oriawr. Weithiau, dw i'n dal yr oriawr yn fy llaw i a mae hi'n gwneud i fi symud ymlaen mewn amser. Fel sy wedi digwydd fan hyn. Wedyn, saith awr yn union yn **ddiweddarach**, dw i'n dal yr oriawr yn fy llaw i eto. A dw i'n mynd yn ôl i fy amser i. Dw i ddim yn gwybod pa elfennau sy'n gwneud i'r oriawr gychwyn a stopio.'

'Ond pam wyt ti'n gwneud hyn?'

'Dw i'n hoffi gweld sut mae pethau wedi newid. Does dim môr-ladron nawr. Mae adeiladau tal iawn ym mhobman. Ac o'ch chi'n gwybod bod peiriannau hedfan ar gael nawr? Anhygoel!' Gwenodd Carwyn a Siwan. Roedd e'n edrych braidd yn **wallgo**. Doedd Harri ddim yn gwybod llawer am y byd modern.

Edrychodd Harri ar yr oriawr eto. Wedyn gwaeddodd e. 'Nawr, **gadewch lonydd i fi**! Mae hi bron yn amser i fi fynd. Chwe awr a 58 munud! Cyn bo hir, galla i fynd 'nôl i fy amser i a fy nghartref i. A dw i ddim eisiau bod yn hwyr!'

Edrychodd Carwyn a Siwan ar ei gilydd. 'Beth wyt ti'n feddwl, Siwan?' gofynnodd Carwyn yn dawel.

'Dw i ddim yn deall dy gwestiwn di ...'

'Wyt ti eisiau mynd i'r Caribî yn yr ail ganrif ar bymtheg?'

Meddyliodd Siwan.

'Dere! Cawn ni hwyl!' meddai Carwyn.

'Paid â **rhoi pwysau ar**na i!' meddyliodd Siwan am funud arall. O'r diwedd, dwedodd hi, 'Iawn. Bant â ni!'

Aeth Carwyn a Siwan at Harri Morgi a dweud, 'Gawn ni fynd gyda ti?'

'Na chewch,' meddai Harri.

'Beth wyt ti'n feddwl "*Na chewch*"?' gofynnodd Carwyn yn grac.

'Mae'n ddrwg gyda fi, ond chewch chi ddim,' meddai fe wedyn.

'Ond 'dyn ni eisiau gweld sut mae pethau wedi newid, hefyd. 'Dyn ni'n nabod y byd modern. 'Dyn ni eisiau gweld sut *roedd* pethau. Fel rwyt ti eisiau gweld sut *mae* pethau.'

Yn sydyn, roedd **golwg ryfedd** yn llygaid Harri. Roedd e fel tasai fe'n meddwl am rywbeth. 'O, arhoswch. Dych chi'n nabod y byd modern ...' Tawelodd e. 'Iawn. Dewch gyda fi. Efallai bod tasg gyda fi i chi. Iawn?'

'Iawn!' atebodd Carwyn. 'Felly, oes rhaid i ni **gyffwrdd** â'r oriawr?'

'Oes. Rhowch eich dwylo chi ar yr oriawr. Ewch i'ch safleoedd. Brysiwch!'

Gwnaethon nhw i gyd gyffwrdd â'r oriawr. Yn sydyn, cawson nhw eu **cludo** i'r Caribî yn yr ail ganrif ar bymtheg. Trodd y nos yn ddydd ac ro'n nhw mewn gwersyll môr-ladron. Roedd y broses yn **rhyfeddol o hawdd**.

Gollyngodd Carwyn a Siwan yr oriawr. Roedd llawer o fôr-ladron yn edrych arnyn nhw. Roedd un ohonyn nhw'n ddyn ifanc heini. Roedd croen tywyll a gwallt hir gyda fe. Aeth e draw at Harri Morgi. 'Prynhawn da, Capten! Dych chi 'nôl o'r diwedd!' Wedyn edrychodd e ar Carwyn a Siwan ac ychwanegu, 'A dest di â **gwesteion**?'

Gwenodd Harri. 'Do, Barti,' atebodd e. Wedyn trodd e at y môr-ladron eraill. 'Gwrandewch!' gwaeddodd e. 'Y bobl yma yw ...' tawelodd Harri Morgi. Edrychodd e ar ei westeion e a gofyn, 'A ... beth yw eich enwau chi?'

'Carwyn a Siwan,' atebon nhw.

'Dyna ni! Ddynion! Carwyn a Siwan yw'r bobl yma!'

Wnaeth y môr-ladron ddim cymryd llawer o sylw. Roedd pethau rhyfedd yn digwydd yn aml achos yr oriawr.

'Ie, Carwyn a Siwan ...' aeth Harri ymlaen, gyda gwên ryfedd ar ei wyneb e. 'Ac maen nhw'n mynd i'n helpu ni. Byddan nhw'n ein helpu ni i ennill heddiw.' Roedd y dynion yn gwrando arno fe nawr. Gwaeddodd y môr-ladron yn hapus.

'Ennill?' meddai Carwyn. 'Ennill beth?'

Trodd Harri at Carwyn a Siwan. Wedyn trodd e'n ôl at ei ddynion e. 'Dych chi'n mynd i'n helpu ni i ennill y **frwydr**, Carwyn a ... ym ... Siwan.'

'Brwydr?' llefodd Siwan. 'Pa frwydr?'

'Y frwydr yn erbyn llongau Lloegr.'

'Beth? Wnest ti ddim dweud unrhyw beth am hynny!' atebodd hi.

Roedd Harri Morgi yn anwybyddu'r ddau ohonyn nhw. 'Ewch 'nôl i weithio!' gwaeddodd e ar ei ddynion e. Wedyn, aeth e a'r môr-leidr o'r enw Barti i mewn i babell.

Doedd neb gyda Carwyn a Siwan wedyn. Edrychon nhw ar y môr. Roedd e'n llawn o longau môr-ladron. Ar ôl munud fach, daeth Barti 'nôl. 'Mae'n flin gyda fi,' meddai fe.

'Beth? Pam rwyt ti'n dweud hynny?' gofynnodd Siwan.

'Achos bod Harri'n wallgo.'

Edrychodd Siwan a Carwyn ar ei gilydd. 'Gwallgo?' gofynnodd Carwyn.

'Gwallgo,' Edrychodd e ar y ddau ohonyn nhw, cyn dweud 'Mae**'n hollol** wallgo.'

'Dw i'n gweld,' atebodd Carwyn. 'Pam wyt ti'n dweud hynny?'

'Mae e'n meddwl ei fod e'n gallu'ch defnyddio chi.'

'Ein defnyddio ni?'

'Eich defnyddio chi. I stopio llongau'r Saeson. Mae'r Saeson yn gwybod am yr oriawr. Gwnân nhw unrhyw beth i gael yr oriawr. Maen nhw'n **ymosod** arnon ni bob nos. Rhaid i Harri eu stopio nhw. Mae e'n credu eich bod chi'n gallu helpu.'

Roedd **synau** brwydro'n bell i ffwrdd. Roedd y llongau cyntaf mewn trafferth. Roedd y Saeson yn dod! 'Sut mae Capten Morgi eisiau i ni helpu?' gofynnodd Carwyn.

'Mae e'n dweud eich bod chi'n gwybod beth fydd yn digwydd. Dych chi'n byw yn y dyfodol ...'

'Na, na, na. 'Dyn ni ddim yn gwybod beth fydd yn digwydd. 'Dyn ni ddim yn gwybod unrhyw beth am y frwydr yma. 'Dyn ni'n gwybod am yr oriawr, ond dim byd arall! A dim ond chwedl yw hi, beth bynnag!'

Edrychodd Barti ar y llawr. 'Bydd Harri'n siomedig. Gwnaiff e unrhyw beth i gadw'r oriawr yna. Os dych chi ddim yn gallu helpu, fydd e ddim eisiau i chi fod fan hyn.' Edrychodd e arnyn nhw'n ddifrifol. 'Efallai bydd pethau'n troi'n gas.'

Edrychodd Siwan a Carwyn ar ei gilydd yn ofnus. 'Ym ... beth wnawn ni?' gofynnodd Siwan.

'Rhaid i chi ddwyn yr oriawr,' esboniodd Barti. 'Heb yr oriawr, fydd y capten ddim eisiau ymladd!'

'Ym ... iawn. Pryd?'

'Y prynhawn 'ma, bydd brwydr bwysig. Bydd Capten Morgi yn dod â llawer o longau i'r frwydr. Rhaid i chi ddwyn yr oriawr oddi wrtho fe. Wedyn, ewch 'nôl i'ch amser chi, a pheidiwch â dod 'nôl.'

Aeth Barti 'nôl i babell Harri. Eisteddodd Carwyn a Siwan ar y traeth.

'Beth allwn ni wneud? Dim ond oriadurwr dw i. Rwyt ti'n swyddog diogelwch,' meddai Carwyn. 'Sut gallwn ni ddwyn oddi wrth fôr-leidr?'

'Rhaid i ni ddod o hyd i ffordd,' atebodd Siwan. 'Arhosa! Mae syniad gyda fi!'

Adolygu Pennod 2

Crynodeb

Y dyn ar y traeth yw'r môr-leidr Harri Morgi. Mae e'n defnyddio oriawr arbennig i deithio drwy amser. Mae e wedi dod o'r ail ganrif ar bymtheg. Mae Carwyn a Siwan yn mynd 'nôl i'r ail ganrif ar bymtheg gyda fe. Pan maen nhw'n cyrraedd, mae Harri'n penderfynu eu bod nhw'n gallu ei helpu e. Rhaid iddyn nhw ennill brwydr. Mae môr-leidr arall yn dweud wrth Carwyn a Siwan dylen nhw ddwyn yr oriawr oddi wrth Harri. Wedyn, fydd e ddim yn ymladd i gadw'r oriawr.

Geirfa

o'u blaen (-au) nhw in front of them

go iawn real, not imitation

difrifol serious

elfen (-nau) *eb* element

effeithio ar to have an effect on

diweddarach later

gwallgo mad, crazy

gadewch lonydd i fi leave me alone

rhoi pwysau ar to put pressure on

golwg rhyfedd strange look

cyffwrdd (â) to touch

cludo to transport, to haul, to ship

rhyfeddol o hawdd amazingly easy

gollwng to drop

gwestai (gwesteion) *eg* guest

brwydr (-au) *eb* battle

yn hollol completely, wholly

ymosod (ar) to attack

sŵn (synau) *eg* noise

Cwestiynau Darllen a Deall

Dewiswch un ateb yn unig ar gyfer pob cwestiwn.

6) Gyda phŵer yr oriawr, mae pobl yn gallu _____.
   a. teithio drwy amser
   b. teithio i'r ail ganrif ar bymtheg yn unig
   c. teithio i'r dyfodol yn unig
   ch. dweud faint o'r gloch yw hi, a dim mwy

7) Mae Harri'n teithio i'r ail ganrif ar bymtheg gyda _____.
   a. Carwyn
   b. Siwan
   c. Carwyn a Siwan
   ch. Barti

8) Mae Harri eisiau _____.
   a. ymladd yn erbyn llongau Lloegr
   b. rhedeg i ffwrdd oddi wrth longau Lloegr
   c. byw yng Ngheredigion gyda Carwyn a Siwan
   ch. rhoi'r oriawr i'r capten o Loegr

9) Mae Harri yn meddwl bod Carwyn a Siwan yn gallu _____.
   a. mynd â fe 'nôl i'w hamser nhw
   b. dweud wrtho fe beth fydd yn digwydd yn y frwydr
   c. siarad â'r Saeson sy'n mynd i ymosod
   ch. helpu Barti ar y llong

10) Mae Barti'n dweud wrth Carwyn a Siwan _____.
    a. dylen nhw fynd 'nôl i'r presennol
    b. dylen nhw ddwyn yr oriawr
    c. dylen nhw frwydro yn erbyn llongau Lloegr
    ch. dylen nhw adael Harri

Pennod 3 – Y Frwydr

Ar ôl awr neu ddwy, roedd pawb yn barod am y frwydr. Aeth Harri, Barti, Carwyn a Siwan ar long Harri Morgi. Roedd hi'n llong fawr iawn. Roedd llawer o **ganonau** arni hi. Hon oedd llong bersonol y môr-leidr, a'i hoff long e. Barti oedd ei **ddirprwy** e. Roedd Morgi bob amser yn teithio gyda fe.

Roedd Harri Morgi'n uchel wrth y **llyw.** Dangosodd Barti **weddill** y llong i Carwyn a Siwan. 'Beth dych chi'n feddwl ohoni hi?' gofynnodd e.

Edrychodd Siwan o gwmpas a gwenu. 'Waw, dw i ar long môr-ladron go iawn. Mae hyn yn anhygoel!' meddai hi.

Chwarddodd Barti. 'Dyw hi ddim yn anhygoel i ni,' meddai fe. ''Dyn ni'n gweld y llong yma bob dydd.'

Daeth Barti â Carwyn a Siwan yn ôl at y llyw. Roedd y llong yn dechrau symud. Roedd y gwynt yn eitha oer ond doedd hi ddim yn gymylog. Ro'n nhw'n gweld dŵr glas Môr y Caribî a'r traeth, a dim byd arall. Roedd hi'n olygfa hardd iawn. Wedyn, cofiodd Carwyn. Ro'n nhw'n mynd i frwydro yn erbyn y Saeson. Roedd rhaid iddyn nhw wneud rhywbeth i stopio'r ymladd!

Gwyliodd Harri Morgi'r môr. Roedd e'n sefyll wrth y llyw o hyd. Roedd Carwyn a Siwan yn gwylio Harri. Yn sydyn, clywon nhw lais Barti **y tu ôl iddyn nhw.** 'Felly, sut wnewch chi hyn?'

'Gwneud beth?' atebodd Carwyn.

'Dwyn yr oriawr! Rhaid i chi fynd â hi cyn i'r frwydr ddechrau.'

'Arhosa funud,' meddai Carwyn. 'Dw i ddim yn deall hynny! Pam mae Harri eisiau i Siwan a fi aros ar y llong? 'Dyn ni ddim yn gwybod sut i ymladd!'

'Fel dwedais i. Mae e'n meddwl gallwch chi guro'r Saeson.'

Edrychodd Carwyn **lan**. Gwelodd e Harri. Roedd e'n edrych arnyn nhw. Doedd dim emosiwn yn ei lygaid e. Roedd e'n edrych arnyn nhw. Dyna i gyd.

'Wel, mae e'n anghywir,' meddai Carwyn. ''Dyn ni ddim yn gallu helpu. Dw i ddim yn gwybod beth mae e'n meddwl gallwn ni wneud.'

'A dweud y gwir,' meddai Barti, 'Dw i ddim yn gwybod beth yw ei **gynllun** e chwaith.'

'Pam rwyt ti'n dweud hynny?' gofynnodd Siwan.

'Edrycha ar y môr.'

Edrychodd Carwyn a Siwan. Ro'n nhw'n gallu cyfri deg o longau môr-ladron.

'Wyt ti'n gweld? Mae deg llong gyda ni,' esboniodd Barti.

Doedd Siwan ddim yn deall pam roedd Barti'n dweud hynny. 'Oes, mae deg llong gyda ni. Felly?'

Edrychodd Barti arni hi.

'O, dw i'n gweld,' meddai hi. 'Mae deg llong gyda ni, ond mae mwy gyda'r Saeson, oes?'

'Oes.'

'Faint yn fwy?'

'Mae tri deg gyda nhw.'

'Tri deg?' gwaeddodd Carwyn. 'A dim ond deg sy gyda ni? Dych chi i gyd yn wallgo!'

'Dyna pam dw i eisiau stopio hyn i gyd. 'Dyn ni ddim yn gallu ennill y frwydr yma. Ond wnaiff Morgi ddim **ildio**. Ddim i'r Saeson. Ddim i neb.'

'Iawn. Felly beth wnawn ni?' gofynnodd Carwyn.

'Rhaid i ni ddwyn yr oriawr,' meddai Siwan **yn bendant**. Edrychodd hi ar Carwyn. 'Fel dwedais i, mae syniad gyda fi.'

Esboniodd Siwan y cynllun. 'Rwyt ti'n oriadurwr, **on'd wyt ti**?'

'Ydw,' atebodd Carwyn.

'Dwed wrth Harri dy fod di'n gallu ennill y frwydr. Ond rhaid i ti gael ei oriawr e i wneud hynny.'

'A sut wna i hynny?'

'Rhaid i ti ddweud dy fod di'n gwybod sut mae hi'n gweithio. Galli di stopio llongau'r Saeson gyda phwerau'r oriawr.'

'Wedyn?'

'Rheda!'

'Mae e'n gynllun ofnadwy,' meddai Carwyn.

'Ond does gyda ni ddim cynllun arall,' atebodd Siwan.

Cytunodd Carwyn.

Cerddodd Carwyn at Harri. Roedd amser yn brin. Roedd y capten yn dweud wrth y dynion beth i wneud.

Gwelodd Harri Carwyn. 'Beth wyt ti eisiau? Wyt ti'n gwybod sut gallwn ni ennill?'

'Ym, ydw ... ydw, dw i'n gwybod. Dere 'ma. Dweda i wrthot ti.'

Cerddodd y môr-leidr mawr a Carwyn oddi wrth y lleill. Roedd Barti a Siwan yn **esgus** eu bod nhw ddim yn gwybod beth oedd yn digwydd.

'Harri, fel rwyt ti'n gwybod, oriadurwr dw i. Rhaid i fi weld dy oriawr di.'

Newidiodd wyneb y môr-leidr yn syth.

'Pam?'

'Os caf i weld yr oriawr, dw i'n credu gallwn ni ennill y frwydr.'

'Beth wyt ti'n feddwl?' gofynnodd Harri. Roedd e'n edrych ar Carwyn yn amheus.

Doedd Carwyn ddim yn gwybod beth i ddweud. Meddyliodd e'n galed. Wedyn, aeth e ymlaen. 'Dw i'n credu fy mod i'n gwybod sut mae hi'n gweithio,' dwedodd e. **Celwydd** oedd hynny.

'Felly?'

'Os caf i weld yr oriawr, galla i ei newid hi. Galla i newid yr oriawr. Bydd hi'n mynd â ni i rywle arall, yn bell i ffwrdd o fan hyn. Fydd dim rhaid i ni ymladd wedyn.'

Roedd yr amser wedi dod. Roedd llongau Lloegr wedi cyrraedd. Dechreuon nhw **danio** eu canonau nhw. Taniodd y môr-ladron eu canonau nhw 'nôl. Roedd y llongau'n **siglo** pan oedd peli'r canonau'n glanio arnyn nhw. Gwaeddodd Harri ar ei ddynion e, 'Dewch ymlaen! Taniwch y canonau! Rhaid i ni ennill!'

Roedd Carwyn yn trio meddwl. Roedd rhaid iddo fe gael yr oriawr. Doedd Harri ddim yn mynd i stopio ymladd pan oedd e'n gwisgo'r oriawr. A heb yr oriawr, doedd e a Siwan ddim yn gallu mynd 'nôl i Gei Newydd.

'Gwranda!' gwaeddodd Carwyn. Roedd Harri yn anwybyddu Carwyn. Roedd canonau'r Saeson yn tanio o hyd. 'Dangosa hi i fi!' meddai Carwyn wedyn. 'Gad i fi weld yr oriawr!' gwaeddodd e. 'Wedyn, gallwn ni ennill y frwydr! Gallwn ni guro'r Saeson!'

Edrychodd Harri arno fe. Ond daliodd e'r oriawr yn dynn. Yn sydyn, saethodd pêl o'r canon drwy'r llyw. Collodd Harri ei **gydbwysedd** e. Cwympodd e. Dyma siawns Carwyn! **Cipiodd** e'r oriawr oddi wrth Harri a rhedeg. Sylweddolodd Harri beth oedd wedi digwydd. 'Stop! Stopiwch y dyn yna!' gwaeddodd e.

Dechreuodd y dynion redeg ar ôl Carwyn. Taflodd Carwyn yr oriawr i Siwan. Daliodd hi'r oriawr yn gyflym a rhedeg. Rhedodd Carwyn ati hi. Wedyn, gwelon nhw Harri. Roedd e'n **agosáu**.

Roedd canonau Lloegr yn tanio eto. Triodd Harri ddal Siwan. Yn sydyn, **camodd** Barti ymlaen i stopio Harri. Roedd e'n helpu Siwan!

Roedd yr oriawr gyda Siwan. Triodd Carwyn gipio'r oriawr. Triodd Harri gipio'r oriawr. Daliodd Barti Siwan. Roedd e'n trio cadw Siwan yn saff. Wedyn, yn sydyn, roedd yr oriawr wedi dechrau gweithio. Roedd y grŵp i gyd yn teithio ymlaen mewn amser. Ro'n nhw'n mynd i'r **unfed ganrif ar hugain**!

Trodd y dydd yn nos ac ro'n nhw 'nôl ar Draeth Dolau. Harri oedd y person cyntaf i sylweddoli beth oedd wedi digwydd. Edrychodd e o gwmpas am yr oriawr. Doedd e ddim yn gallu gweld yr oriawr o gwbl!

Wedyn, gwelodd Harri'r oriawr. Roedd hi dan droed Barti. Gwthiodd e Barti i ffwrdd. Daliodd e'r oriawr. Roedd hi wedi torri. 'Beth wnest di, Barti? Beth wnest di?' llefodd Harri.

Roedd Barti yn anwybyddu Harri. Roedd e'n edrych ar y traeth. Wedyn edrychodd e ar y dref a'r bobl. Doedd e ddim wedi bod yn y dyfodol o'r blaen. Roedd popeth yn newydd ac ychydig bach yn rhyfedd.

Roedd Harri'n mynd yn fwy crac o hyd. Dwedodd e wrth Barti, 'Beth wnawn ni nawr? Allwn ni ddim mynd 'nôl! Beth wnawn ni?'

Wnaeth neb ateb. O'r diwedd, siaradodd Siwan. 'Dere i'r gweithdy, Harri. Bydd Carwyn yn trio trwsio'r oriawr. Ac os bydd e'n gallu trwsio'r oriawr, byddi di'n gallu mynd adre. Ond wedyn, rhaid i ti **ddinistrio**'r oriawr. Mae hi'n beryglus iawn! Mae hi'n **achosi** pethau drwg iawn!'

'Gwnaf i hynny,' atebodd Harri.

Wedyn, edrychodd Siwan ar Barti. 'Dw i eisiau gofyn ffafr. Rhaid i ti **addo** helpu Harri. Rhaid iddo fe ddinistrio'r oriawr. Gwna'n siŵr bod Harri'n **cael gwared ar** yr oriawr. Rhaid i ti **orfodi** Harri i wneud hynny os bydd rhaid. Os wnei di ddim dinistrio'r oriawr, bydd yr oriawr yn dinistrio'r ddau ohonoch chi! Wyt ti'n deall?'

'Ydw,' meddai Barti. 'Pan fydda i gartre, dw i byth eisiau gweld yr oriawr yna eto!'

Wedyn, edrychodd Siwan ar Carwyn. 'A ti!' meddai hi, yn gwenu. 'Y tro nesa byddi di'n cael syniad gwallgo – fel teithio drwy amser – dw i ddim eisiau mynd gyda ti!'

Gwenodd Carwyn a chytuno.

Adolygu Pennod 3

Crynodeb

Mae pawb yn mynd ar long Harri, yn barod i ymladd. Mae Barti'n dweud wrth Carwyn dylai fe ddwyn oriawr Harri. Mae Carwyn yn gofyn i Harri ddangos yr oriawr iddo fe. Mae Harri'n dweud na. Yn sydyn, mae'r Saeson yn ymosod. Mae Harri'n cwympo. Mae Carwyn yn cipio'r oriawr ac yn rhedeg. Mae Carwyn, Siwan, Harri a Barti'n ymladd am yr oriawr. Mae'r oriawr yn dechrau gweithio. Maen nhw'n teithio i Geinewydd yn yr unfed ganrif ar hugain. Mae'r oriawr yn torri yn ystod y daith. Mae Carwyn yn cytuno i drwsio oriawr Harri. Mae Harri'n addo dinistrio'r oriawr pan fydd e gartre.

Geirfa

canon (-au) *eg* cannon
dirprwy (-on) *eg* deputy, delegate
llyw (-iau) *eg* helm, rudder, steering wheel
gweddill (-ion) *eg* remainder, rest (of something), surplus
y tu ôl i behind
lan up (*N. form* **i fyny**)
cynllun (-iau) *eg* plan
ildio to give up, to surrender, to yield
yn bendant definitely
on'd wyt ti? aren't you?
esgus to pretend (*N. form* **cogio**)
celwydd (-au) *eg* lie, untruth
tanio to fire, to ignite
siglo to shake, to rock, to sway
cydbwysedd *eg* balance, equilibrium

cipio to snatch, to grab

agosáu to approach, to draw near

camu to step

yr unfed ganrif ar hugain the twenty-first century

dinistrio to destroy

achosi to cause

addo to pledge, to promise

cael gwared ar to get rid of

gorfodi to force

Cwestiynau Darllen a Deall

Dewiswch un ateb yn unig ar gyfer pob cwestiwn.

11) _____ yw'r môr-leidr o'r enw Barti.
   a. Cefnder Harri
   b. Mab Harri
   c. Dirprwy Harri
   ch. Môr-leidr cyffredin

12) Mae Barti'n dweud wrth Carwyn am ddwyn yr oriawr _____.
   a. ac ymladd yn erbyn Harri
   b. a mynd 'nôl i'r unfed ganrif ar hugain
   c. a theithio i'r ail ganrif ar bymtheg
   ch. a defnyddio'r oriawr i ymladd yn erbyn y Saeson

13) Pan mae Carwyn yn siarad â Harri, mae Harri'n _____.
   a. rhoi'r oriawr iddo fe
   b. gwrthod rhoi'r oriawr iddo fe
   c. dwyn yr oriawr
   ch. trio gadael

14) Pwy sy'n mynd 'nôl i Geinewydd ar y diwedd?

   a. Carwyn a Siwan

   b. Harri a Carwyn

   c. Harri a Barti

  ch. Harri, Carwyn, Barti a Siwan

15) Bydd Carwyn yn trwsio oriawr Harri os bydd e'n addo
_____.

   a. mynd 'nôl i'r Caribî

   b. dinistrio'r oriawr

   c. rhoi ei long môr-ladron e iddo fe

  ch. gadael iddo fe gadw'r oriawr

Y Gist

Pennod 1 – Caernarfon

Un tro, roedd 'na ddyn yn byw ar Ynys Môn. Roedd y dyn yn eitha hen. Ei enw o oedd Tudur.

Doedd Tudur erioed wedi priodi. Doedd gynno fo ddim plant na theulu yn byw **wrth ei ymyl o**. Roedd o wedi byw ar ei ben ei hun am lawer o flynyddoedd, ond roedd o'n garedig iawn. Roedd o bob amser yn **glên** efo pawb.

Doedd Tudur erioed wedi teithio'n bell. Roedd o wedi teithio o gwmpas ei gartref ar Ynys Môn. Ond doedd o erioed wedi bod yn bellach. Ond **rŵan**, roedd hynny'n mynd i newid. Roedd rhaid iddo fo **gyflawni** tasg bwysig. Doedd gan Tudur ddim llawer o arian, ond doedd o ddim yn dlawd. Roedd o wedi cadw ychydig bach o arian pan oedd o'n ifancach. Roedd o'n **bwriadu** defnyddio'r arian yna i wneud ei dasg o. Roedd rhaid iddo fo fynd i dri lle gwahanol. Roedd rhaid iddo fo gael arian ar gyfer bwyd, gwestai a theithio. Roedd gynno fo dasg. Ac roedd rhaid iddo fo ei gwneud hi!

Yn gyntaf, mi deithiodd Tudur i Gaernarfon. Roedd llawer o bobl yn edrych arno fo pan oedd o'n mynd heibio. Doedd o ddim wedi torri ei wallt o ers amser hir. Roedd gynno fo farf hir. Roedd ei ddillad o'n rhyfedd iawn hefyd. Roedd o'n edrych ychydig yn wahanol ar strydoedd tref Caernarfon.

Mi groesodd Tudur y bont dros afon Menai a chyrraedd Coed Helen. Parc mawr yng Nghaernarfon oedd o. Roedd o'n llawn o bobl. Mi aeth Tudur draw at ddyn ifanc. Roedd o tua 25 mlwydd oed. Roedd o'n darllen papur newydd lleol. Roedd o'n eistedd yn erbyn coeden. Roedd o'n edrych yn gyfforddus ac yn fodlon.

Eisteddodd Tudur i lawr wrth ymyl y dyn. 'P'nawn da,' meddai Tudur.

'Helô ...' atebodd y dyn. Mi edrychodd o ar Tudur yn **amheus**. Wedyn, mi ddarllenodd o ei bapur newydd.

'Sut wyt ti, Dewi?' meddai Tudur.

Mi edrychodd y dyn **i fyny**. Roedd o wedi cael sioc. Sut roedd y person rhyfedd yma'n gwybod ei enw o? Mi edrychodd o ar yr hen ddyn yn ofalus. 'Ddudoch chi Dewi?' gofynnodd o.

'Do, mi wnes i.'

'Sut dach chi'n gwybod fy enw i?'

'Dw i ddim yn medru deud hynny wrthat ti.'

Mi stopiodd Dewi ddarllen y papur newydd. Mi edrychodd o ar Tudur. Y tro yma, mi edrychodd o hyd yn oed yn fwy gofalus. Mi driodd o **ddychmygu**'r dyn heb ei farf o. Dim byd. Doedd gynno fo ddim syniad pwy oedd yr hen ddyn.

'Be dach chi **isio**?' gofynnodd Dewi. Erbyn hyn, roedd o'n amheus iawn.

'Paid â phoeni,' meddai Tudur. 'Dw i heb ddod yma i dy **frifo** di. Dw i yma i ddeud rhywbeth wrthat ti.'

'Wel, ewch amdani.'

Mi dynnodd Tudur lun o'i boced. Yn y llun, roedd 'na **gist**. Roedd hi'n edrych yn hen iawn. Roedd hi hefyd yn edrych fel tasai rhywbeth ynddi hi. Rhywbeth **gwerthfawr**.

'Be ydy **honna**?' gofynnodd Dewi.

'Dwyt ti ddim yn gwybod be ydy hi?'

'Mae hi'n edrych fel cist. Dw i ddim wedi gweld y gist yna o'r blaen.'

Mi edrychodd Tudur ar Dewi'n ofalus. Wedyn, mi bwyntiodd o ar y llun.

'Edrycha ar hwn.'

Mi edrychodd Dewi. Roedd clo ar y gist. Roedd tri sero arno fo. 'Clo ydy o.'

'Ia, a ...' meddai Tudur.

'Mae'r rhifau ar goll?' gofynnodd Dewi.

'Dyna ni!' meddai Tudur. 'Mae'r tri rhif ar goll!' Wedyn, mi edrychodd o'n agos ar Dewi. 'Rhaid i mi gael y tri rhif yna ar gyfer fy nhasg i,' meddai Tudur.

'Tasg? Pa dasg?'

'Dw i ddim yn **medru** deud hynny,' atebodd yr hen ddyn yn **bwyllog**.

Doedd Dewi ddim yn **dallt**. Doedd gynno fo ddim syniad be oedd y dyn isio. Sut fasai o'n medru rhoi rhifau i'r dyn? Doedd o ddim yn gwybod be oedd y rhifau. Yn y diwedd, mi ddudodd Tudur, 'Dw i'n siŵr bod gen ti un o'r rhifau yna.'

'Dw i ddim yn gwybod am be dach chi'n siarad.'

'Meddylia amdano fo, Dewi. Mae gen ti rywbeth, mae'n rhaid. Hen beth efo rhif arno fo?'

Mi feddyliodd Dewi'n ofalus. Doedd gynno fo ddim hen beth fel yna. Roedd o'n siŵr o hynny. Wedyn, mi gofiodd o rywbeth. Roedd gynno fo un peth efo rhif. **Hwnna** oedd o, **ella**?

'Wel, wedi meddwl,' meddai fo**'n gynhyrfus**, 'Ella bod gen i rywbeth! Arhoswch fan hyn. Mi a i i chwilio amdano fo!'

'Lle wyt ti'n mynd?' gofynnodd Tudur.

'I fy nhŷ i. Dw i isio nôl rhywbeth.'

'Arhosa! Mi ddo i efo ti.'

Mi edrychodd Dewi'n amheus ar y dyn unwaith eto. Roedd y dyn yn hen. Roedd o'n edrych yn glên. Doedd o ddim yn mynd i fod yn broblem, mae'n siŵr. 'Iawn,' meddai fo. 'Dilynwch fi!'

Mi adawodd Dewi a Tudur y parc. Wedyn, mi wnaethon nhw ddal bws i dŷ Dewi. Roedd o mewn rhan wahanol o'r dref. Pan oedden nhw'n teithio, mi ofynnodd Dewi i Tudur, 'Be ydy'ch enw chi?'

'Fy enw i ydy Tudur. Tudur Dafis.'

'Ac ers pryd dach chi wedi bod yng Nghaernarfon, Mr Dafis?'

'O, plîs, galwa fi'n Tudur! Does dim angen i ti fod mor **ffurfiol**.'

'Iawn, Tudur, ers pryd dach chi wedi bod yng Nghaernarfon?'

'Dw i wedi bod yma ers dwy awr.'

'O, wir? Dydy hynny ddim yn hir iawn.'

'Nac ydy. Ond dw i'n licio'r dre yma. Mae llawer o bobl glên yma ac mae'r castell yn wych.'

'Dw i'n cytuno.'

Siaradodd y ddau ddyn eto. Cyn bo hir, roedden nhw wedi cyrraedd tŷ Dewi. Roedd y tŷ'n fach ac yn daclus. Mi aeth Dewi â Tudur i'r garej. Roedd Dewi'n cadw llawer o bethau o'r gorffennol yno. Roedd pethau yno oedd gynno fo pan oedd o'n hogyn bach. Roedd gynno fo hen luniau. Roedd llyfrau nodiadau o'r ysgol yno, hyd yn oed.

'Am be dan ni'n chwilio fan hyn?' gofynnodd Tudur.

'Mi gofiais i am rywbeth sy gen i. Mae'n swnio'n debyg i'r peth dach chi'n chwilio amdano fo.'

'Hen beth? Efo rhif arno fo?'

'Ia. Hen beth efo rhif arno fo. Arhoswch am funud, os gwelwch chi'n dda. Dw i'n mynd i chwilio.'

Mi chwiliodd Dewi am hanner awr. Mi driodd Tudur helpu. Mi ofynnodd Dewi i Tudur eistedd i lawr. Roedd o isio chwilio ar ei ben ei hun. Ar ôl awr, mi ddaeth Dewi o hyd i'r peth o'r diwedd. 'Edrychwch, Tudur,' meddai fo'n gynhyrfus. 'Dw i wedi dod o hyd iddo fo!'

'Be ydy o?' gofynnodd Tudur. Mi gododd o, a cherdded at Dewi. Mi edrychodd o ar Dewi'n ofalus. 'Sut wyt ti'n gwybod fy mod i isio hwnna?'

'Dw i ddim yn gwybod, ond mae gen i hwn **ers amser maith**. Ac mae rhif arno fo.'

Roedd rhywbeth yn llaw Dewi. Rhywbeth **wedi'i lapio** mewn hen **hances**. Mi agorodd o'r hances. Y tu mewn, roedd **mwclis** aur. Ac y tu mewn i'r mwclis, roedd rhif. 'Pan ddudoch chi eich bod chi isio rhywbeth efo rhif,' dechreuodd Dewi, 'mi wnes i gofio i am y mwclis.'

'Wyt ti'n cofio pwy wnaeth roi'r mwclis yna i ti?'

'Dw i ddim yn siŵr. Mae o gen i ers pan o'n i'n fabi.'

Roedd Tudur yn gwenu. Mi agorodd o ddrws y garej. 'Lle dach chi'n mynd?' gofynnodd Dewi.

'Dw i wedi gorffen yma,' atebodd Tudur. 'Cofia'r rhif yna. A darllena **hwn**.' Mi wnaeth o roi llythyr i Dewi. Wedyn, mi gerddodd o i ffwrdd.

'Arhoswch! Dewch yn ôl! Dach chi ddim isio'r mwclis?' galwodd Dewi. Ond roedd Tudur wedi mynd. Roedd o wedi **diflannu** drwy'r drws.

Mi aeth Tudur yn ôl i ganol Caernarfon. Mi wnaeth o ddal bws. Y stop nesa oedd Aberystwyth.

Adolygu Pennod 1

Crynodeb

Hen ddyn o Ynys Môn ydy Tudur. Mae gynno fo lun o hen gist. Mae clo ar y gist. Mae tri rhif ar goll ar y clo. Mae Tudur yn gofyn i ddyn o'r enw Dewi am y rhifau sy ar goll. Mae o'n deud bod un rhif ar un o bethau Dewi. Mae Dewi yn edrych yn ei garej o ac yn ffeindio rhywbeth. Mae o'n dangos hen fwclis i Tudur. Mae rhif arno fo. Dyma'r rhif mae Tudur isio. Mae Tudur yn rhoi llythyr i Dewi. Wedyn mae Tudur yn gadael am Aberystwyth.

Geirfa

wrth ymyl near, by (*S. form* **ar bwys**)
clên friendly, agreeable (*S. form* **cyfeillgar**)
rŵan now (*S. form* **nawr**)
cyflawni to accomplish, to achieve, to complete
bwriadu to aim, to intend, to mean
amheus suspicious
i fyny up (*S. form* **lan**)
dychmygu to imagine
isio to want (*S. form* **eisiau**)
brifo to hurt
cist (-iau) *eb* chest (furniture), cabinet, box
gwerthfawr precious, valuable
honna that (*with reference to a feminine noun*)
medru to be able to (*S. form* **gallu**)
pwyllog level-headed, measured
dallt to understand (*S. form* **dcall**)
hwnna that (*with reference to a masculine noun*)

ella maybe, perhaps (*S. form* **efallai**)

yn gynhyrfus excitedly

ffurfiol formal

ers amser maith for a long time

wedi'i lapio wrapped

hances (-i) *eb* handkerchief

mwclis *ell* necklace

hwn this (*with reference to a masculine noun*)

diflannu to disappear, to vanish

Cwestiynau Darllen a Deall

Dewiswch un ateb yn unig ar gyfer pob cwestiwn.

1) _____ ydy Tudur.
    a. Dyn ifanc
    b. Dyn yn ei 40au
    c. Hen ddyn
    ch. Bachgen ifanc

2) Mae Tudur yn siarad efo Dewi am y tro cynta _____.
    a. yn Aberystwyth
    b. mewn parc
    c. ar fws
    ch. mewn garej

3) Mae Tudur yn dangos llun _____ i Dewi.
    a. cist
    b. garej
    c. mwclis
    ch. tref

4) Mae Dewi'n mynd â Tudur _____.
   a. i faes awyr
   b. i dacsi
   c. i Aberystwyth
   ch. i garej

5) Ar ôl siarad efo Dewi, mae Tudur yn teithio _____.
   a. i Ynys Môn
   b. i Gaerdydd
   c. i Aberystwyth
   ch. i barc

Pennod 2 – Aberystwyth

Yn hwyrach y diwrnod yna, mi gyrhaeddodd Tudur Aberystwyth yn saff. Roedd tref Aberystwyth yn llawn o bobl. Roedd o'n medru gweld llawer o bethau diddorol o gwmpas y lle. Ond roedd gan Tudur dasg. Roedd o'n gwybod yn union lle i fynd.

Mi alwodd o dacsi a rhoi cyfeiriad lleol i'r gyrrwr tacsi. Mi gytunon nhw ar y ffi. Roedd y cyfeiriad yn eitha pell o ganol Aberystwyth. Ar ôl tua chwarter awr, mi gyrhaeddon nhw dŷ mawr.

Roedd y tŷ yn edrych yn ddrud. Roedd y **perchennog** yn edrych ar ôl y tŷ yn dda. Person cyfoethog oedd y perchennog, mae'n siŵr. Roedd gardd fawr iawn o flaen y tŷ. Roedd llawer o gŵn yn rhedeg o gwmpas yn yr ardd. Roedd cwrt tenis wrth ymyl y tŷ, hyd yn oed!

Mi safodd Tudur y tu allan. Mi edrychodd o ar y tŷ am funud. Wedyn, mi wnaeth o guro ar y drws. Mi gurodd o eto ac aros i rywun ateb. 'Helô?' galwodd o. Doedd neb yn **dŵad**. Doedd neb adre. Mi benderfynodd yr hen ddyn edrych o gwmpas. Mi benderfynodd o aros.

Mi wnaeth Tudur **estyn** y llun o'r gist. Mi edrychodd o'n agos ar y llun a gwenu. Wedyn, mi wnaeth o roi'r llun yn ôl ym mhoced ei **wasgod** o. Mi arhosodd o am fwy o amser.

Mi glywodd Tudur gar yn **agosáu**. **Yn ôl y disgwyl**, roedd o'n gar drud. Roedd **dynes** ynddo fo.

Roedd hi'n gwisgo sbectol haul fawr. Wnaeth hi ddim gweld Tudur. Mi wnaeth y ddynes bwyso botwm. Mi agorodd drysau'r garej. Mi yrrodd hi i mewn. Wnaeth hi ddim gweld Tudur o gwbl.

Mi estynnodd y ddynes am y botwm eto. Roedd hi'n cau drysau'r garej. Ella basai Tudur yn colli'r cyfle i siarad efo hi! 'Esgusodwch fi? Arhoswch!' gwaeddodd Tudur.

O'r diwedd, mi welodd y ddynes Tudur. Mi stopiodd hi'n syth. Wnaeth drws y garej ddim cau.

'Ia? Pwy dach chi?' gofynnodd hi.

'Gawn ni siarad am funud os gwelwch chi'n dda?' gofynnodd Tudur.

Mi edrychodd y ddynes arno fo'n amheus. Mi gerddodd hi allan o'r garej. Mi ddaeth **bwtler** i fyny o'r ardd. Mi edrychodd o ar y ddynes a dweud, 'Miss Prydderch? Dach chi isio i fi symud eich car chi?'

'Os gwelwch chi'n dda, Idris. Diolch.'

'Miss Lleucu Prydderch, dw i'n gywir?' gofynnodd Tudur.

'Dyna ydy fy enw i.' Mi edrychodd Lleucu ar Tudur yn ofalus.

'Dw i wedi dŵad i siarad efo chi. Mae'n bwysig.'

'Pwysig? Os ydy o'n bwysig, mi gewch chi siarad efo'r staff yn fy swyddfa i ...'

'Na. Dim busnes ydy o,' atebodd Tudur.

'Be ydy o, felly?' gofynnodd Lleucu. Dim ond gwenu wnaeth Tudur. 'Wel, be bynnag ydy o, dewch efo fi. Dewch i mewn i'r tŷ os gwelwch chi'n dda.'

Mi ddilynodd Tudur y ddynes i mewn i'r tŷ. Roedd y tŷ yn fawr iawn. A deud y gwir, roedd o'n **anferth**. Roedd o hefyd yn hardd iawn. 'Eich tŷ chi ydy hwn?' gofynnodd Tudur.

'Ia,' atebodd hi. '**Dylunydd** proffesiynol dw i. Pan o'n i'n 19, mi ddechreuais i gwmni.' Mi arhosodd hi am funud, ac edrych o gwmpas. 'Be fedra i ddeud? Dw i wedi gwneud yn dda iawn.'

'Mi fedra i weld hynny. Waw! Dach chi wedi gwneud llawer o waith, mae'n rhaid.'

'Do. Dw i wedi gweithio'n galed iawn.' Mi ddechreuodd hi gerdded eto. 'Dewch y ffordd yma, os gwelwch chi'n dda.'

Mi aeth Tudur a Lleucu i fyny ychydig o risiau. Wedyn, mi ddaethon nhw at ddrws mawr. Drws pren oedd o, ac roedd o'n ddel iawn. Roedd o'n edrych fel hen ddrws.

'Ydy'ch tŷ chi'n hen iawn?' gofynnodd Tudur.

Roedd Lleucu'n gwenu. 'Nac ydy, dydy o ddim yn hen. Ond mi gafodd o ei adeiladu efo hen **gynllun**. Dw i'n hoff o bethau traddodiadol.'

Mi agorodd Lleucu'r drws. Mi edrychodd Tudur o gwmpas yn **syn**. Roedd hi'n ystafell anferth. Roedd hi'n llawn o ddodrefn hardd a drud. Roedd hi hefyd yn ystafell daclus a glân iawn.

Mi ddaeth Idris y bwtler i mewn wedyn. Roedd o wedi dŵad â the prynhawn iddyn nhw.

'Syr ...' meddai Idris.

'Tudur, os gwelwch chi'n dda.'

'Tudur, fasech chi'n hoffi rhywbeth i yfed?'

'Baswn. Paned o de, os gwelwch chi'n dda. Diolch.'

Mi dynnodd Lleucu ei chardigan hi. Roedd hi'n ddiwrnod poeth iawn. Mi siaradodd Idris efo Tudur eto. 'Gadewch i mi gymryd eich gwasgod chi, syr.' Mi dynnodd Tudur ei wasgod o. Mi wnaeth o ei rhoi hi i'r bwtler. Mi adawodd Tudur yr ystafell a dŵad 'nôl yn gyflym. Mi wnaeth o roi paned o de poeth i Tudur. Wedyn, mi wnaeth o adael Tudur a Lleucu.

Mi eisteddodd Lleucu a Tudur. Mi edrychon nhw ar ei gilydd.

'Croeso i fy nghartref i, Tudur. Ga i ofyn pam dach chi yma?'

Mi yfodd Tudur ychydig bach o de. Wedyn mi wnaeth o roi ei gwpan o ar y bwrdd. 'Rhaid i mi gael rhif,' meddai fo'n bwyllog.

Fel Dewi, roedd Lleucu'n syn. 'Rhif?' gofynnodd hi.

'Ia, rhif.'

'Rhif **penodol**?' gofynnodd Lleucu wedyn.

'Ia. Mi fydd o ar rywbeth sy gynnoch chi. Triwch gofio'r rhif, os gwelwch chi'n dda.'

Mi wnaeth Lucy feddwl am ychydig bach. Roedd hi'n trio dallt be oedd Tudur yn ddeud. Ond, yn wahanol i Dewi, wnaeth hi ddim cofio dim byd.

'Dw i ddim yn gwybod be dach chi'n feddwl. Plîs, fedrwch chi esbonio ...'

Mi edrychodd Tudur o gwmpas. 'Mae'n rhaid bod yr ail rif yma yn rhywle,' meddyliodd o. Wrth gwrs, y llun! Roedd rhaid iddo fo ddangos y llun iddi hi!

'Wnewch chi ofyn i'r bwtler am fy ngwasgod i, os gwelwch chi'n dda?' gofynnodd Tudur.

'Wrth gwrs,' atebodd Lleucu.

Mi aeth Idris allan o'r ystafell. Mewn eiliadau, roedd o 'nôl efo gwasgod Tudur. Mi estynodd Tudur i mewn i'w wasgod. Roedd llawer o bocedi arni hi. Roedd hi'n anodd dod o hyd i'r llun. Mi chwiliodd o am amser hir. Roedd Lleucu'n dechrau teimlo'n **ddiamynedd**.

O'r diwedd, mi wnaeth o ffeindio'r llun. 'Dyma fo!' chwarddodd Tudur. 'Mae o gen i! Rhaid i ni gael y rhif ar gyfer hwn.'

Mi roiodd o lun y gist ar y bwrdd. Mi ddaliodd Lleucu'r llun yn ei dwylo hi. Mi edrychodd hi arno fo'n ofalus. Yn sydyn, mi gofiodd hi rywbeth!

'Dw i ddim yn gwybod pam ... ond dw i'n meddwl fy mod i'n cofio rywbeth,' meddai hi.

'Meddyliwch, Lleucu. Be ydy o?' gofynnodd Tudur.

Mi gododd Lleucu. 'Dewch efo fi, Tudur,' meddai hi. 'Dw i ddim yn gwybod pwy dach chi na be dach chi isio. Ond dach chi wedi gwneud i mi feddwl am rywbeth.'

Mi wenodd Tudur wedyn. Mi aeth o a Lleucu allan o'r tŷ. Mi aethon nhw i mewn i adeilad bach wrth ymyl y tŷ. Roedd tu mewn yr adeilad fel amgueddfa fach breifat. Roedd llawer o luniau, **paentiadau** a phethau gwerthfawr eraill yno.

Wrth ymyl darlun hardd, mi ddaeth Lleucu o hyd i focs bach. Mi agorodd hi'r bocs. Ynddo fo, roedd mwclis. Roedd y mwclis yr un peth ag un Dewi. Roedd o'n hen iawn, ond roedd Lleucu'n medru ei agor o. Roedd hi'n medru darllen y rhif ynddo fo.

Mi wnaeth Lleucu roi'r mwclis i Tudur. Mi edrychodd o arno fo'n ofalus. 'Iawn. Mae hynny'n ddigon,' meddai fo'n bwyllog.

'Ond dw i ddim yn dallt, Tudur. Be yn union dach chi isio? Mi wnaeth y gist fy **atgoffa** i o'r mwclis. Ond dw i ddim yn gwybod pam. Dach chi'n gwybod? Ydy hynny'n bwysig?'

Roedd Tudur yn ddistaw am funud. 'Rhaid i mi fynd rŵan, Lleucu. Plîs peidiwch â gofyn unrhyw beth arall.' Mi wnaeth o roi llythyr iddi hi. Wedyn, mi ddudodd o, 'Cofiwch y rhif. A darllenwch hwn. Mi fydd o'n help.'

Mi wnaeth Tudur droi a gadael tŷ Lleucu. Cyn mynd o'r golwg, mi waeddodd o, 'Dw i'n mynd i Gaerdydd! Mi wela i chi'n fuan, Lleucu!'

Wnaeth Lleucu ddim dweud hwyl fawr. Doedd hi ddim yn medru siarad. Doedd gynni hi ddim syniad pam wnaeth Tudur alw. Mi edrychodd hi ar y llythyr. Roedd pob dim yn edrych yn amheus iawn, ond yn bwysig iawn hefyd. Roedd hi isio anghofio am y peth. Ond mi benderfynodd hi adael i'r hen ddyn gael ychydig o hwyl. Mi agorodd hi'r llythyr yn araf.

Crynodeb

Mae Tudur yn teithio i Aberystwyth. Mae o'n mynd i weld dynes o'r enw Lleucu. Mae hi'n byw mewn tŷ mawr. Mae Tudur yn deud wrth Lleucu am y gist. Mae o'n gofyn iddi hi gofio rhif. Yn y diwedd, mae hi'n cofio rhywbeth. Mae hi'n dangos hen fwclis i Tudur. Mae rhif arno fo. Mae gan Lleucu lawer o gwestiynau. Dydy Tudur ddim yn ateb y cwestiynau. Mae o'n rhoi llythyr i Lleucu ac yn deud hwyl fawr. Mae Lleucu'n dechrau darllen y llythyr.

Geirfa

perchennog (perchnogion) *eg* owner

dŵad to come (*S. form* **dod**)

estyn to reach (out), to extend

gwasgod (-au) *eb* waistcoat

agosáu to approach, to draw near

yn ôl y disgwyl as expected

dynes (menywod) *eb* female, woman (*S. form* **menyw** *eb*)

bwtler (-iaid) *eg* butler

anferth huge, massive

dylunydd (dylunwyr) *eg* designer

cynllun (-iau) *eg* plan

syn amazed, surprised

penodol specific, particular

diamynedd impatient

paentiad (-au) *eg* painting

atgoffa to remind

Cwestiynau Darllen a Deall

Dewiswch un ateb yn unig ar gyfer pob cwestiwn.

6) Mae tŷ Lleucu _____.
    a. yn fawr ac yn hardd
    b. yn fach ac yn hardd
    c. yn dŷ arferol
    ch. yn fawr ond ddim yn neis iawn

7) Enw'r bwtler ydy _____.
    a. Idris
    b. Tudur
    c. Dewi
    ch. Lleucu

8) Mae Lleucu'n cofio rhif pan mae Tudur _____.
    a. yn siarad am y rhif
    b. yn dangos llun y gist
    c. yn siarad am y gist
    ch. yn siarad am y mwclis

9) Mae Lleucu _____.
    a. yn methu dallt be sy'n digwydd
    b. yn gwybod be mae Tudur yn neud
    c. isio stopio hwyl Tudur
    ch. yn methu helpu Tudur

10) Ar ôl deud hwyl fawr, mae Tudur _____.
    a. yn teithio i Aberystwyth
    b. yn teithio i Gaernarfon
    c. yn ymlacio am ddiwrnod
    ch. yn teithio i Gaerdydd

Pennod 3 – Caerdydd

Yng ngorsaf fysiau Aberystwyth, mi brynodd Tudur fwyd ar gyfer y daith. Ond roedd o isio **gorffwys** yn fwy na dim. Roedd o wedi blino'n lân. Wedyn, mi gofiodd o. Dim ond un person arall oedd ar ôl. Wedyn, mi fyddai o wedi gorffen ei dasg!

Mi aeth Tudur ar y bws. Ar ôl tua dwy awr a hanner, mi gyrhaeddodd o Gaerdydd. Fel y tro dwetha, mi ddaliodd o dacsi i gyrraedd lle roedd o isio mynd. Ar y ffordd, mi yrrodd y tacsi heibio Canolfan y Mileniwm. Roedd yn adeilad anferth. Mi ofynnodd o i'r gyrrwr, 'Dach chi wedi bod yng Nghanolfan y Mileniwm o'r blaen?'

'Do. Mae'n hyfryd, ond mi welais i ddrama ryfedd yno. Roedd hi'n fodern iawn. Do'n i ddim yn dallt beth oedd yn digwydd ... mae'n well gen i bethau traddodiadol.'

'A finnau,' meddai Tudur. 'Mae'n well gen i bethau traddodiadol bob amser.' Mi edrychodd o drwy'r ffenest wrth i'r tacsi symud ymlaen.

Ar ôl munud neu ddau, mi ofynnodd Tudur i'r gyrrwr stopio. Mi wnaeth o dalu'r gyrrwr a mynd allan. Wedyn, mi edrychodd o gwmpas. Roedd cymaint o bethau i weld. Ond roedd rhaid iddo fo ganolbwyntio! Roedd o bron â gorffen ei dasg.

Doedd Tudur ddim yn gwybod yn union lle roedd tŷ'r trydydd person. Mi stopiodd o ddyn ar y stryd a dangos y cyfeiriad iddo fo. 'Esgusodwch fi. Fedrwch chi ddeud wrtha i sut i gyrraedd fanna?' gofynnodd o.

'O, dw i'n gwybod lle mae o,' atebodd y dyn. 'Mae o drws nesa i'r siop **llogi** cychod.' Mi ddangosodd o'r ffordd i Tudur.

'Diolch!' gwaeddodd Tudur a cherdded i ffwrdd.

Mi benderfynodd Tudur gerdded. Roedd cerdded yn bwysig, i gadw'n heini. Hefyd, roedd pethau pwysig yn digwydd. Roedd cerdded yn rhoi amser i Tudur **ystyried** popeth.

O'r diwedd, mi gyrhaeddodd Tudur y siop llogi cychod. Y drws nesa i'r siop, roedd tŷ bach **cul**. 'Gobeithio bod rhywun adre y tro yma!' meddyliodd o. Mi gofiodd o am Lleucu yn Aberystwyth. Doedd o ddim yn licio aros. Roedd o'n ddiamynedd hefyd.

Mi gurodd Tudur ar y drws. Mi wnaeth dyn ifanc ateb y drws. Roedd o tua 25 mlwydd oed. Roedd o'n debyg i Tudur, ond doedd gynno fo ddim barf. 'Helô!' meddai'r dyn. 'Sut fedra i'ch helpu chi? Fasech chi'n hoffi llogi cwch? Neu dach chi isio bwcio taith?'

'Ym, nac ydw,' atebodd Tudur. 'Fy enw i ydy Tudur,' meddai fo. 'Dw i isio siarad efo chi, syr.'

'Does dim angen fy ngalw i'n syr! Plîs, galwch fi'n Alun – a galwch fi'n "ti".'

'Iawn, Alun. Baswn i'n hoffi siarad efo ti, plîs.'

'Wrth gwrs, Tudur. Dewch i mewn.'

Mi edrychodd Tudur o gwmpas. Roedd y tŷ yn draddodiadol iawn, ac yn syml. Roedd y perchennog yn edrych yn draddodiadol ac yn syml hefyd. Roedd Alun yn gwisgo dillad syml. Roedd gynno fo **chwaeth** draddodiadol. Roedd popeth yn lân ac yn daclus.

'Wel?' meddai Alun. 'Dach chi isio siarad efo fi?'

Mi ddechreuodd Tudur siarad. Ond wedyn, mi welodd o rywbeth. Roedd Alun yn gwisgo **modrwy**. Roedd rhif ar y fodrwy. Mi ddechreuodd Tudur chwerthin.

'Be sy'n bod?' gofynnodd Alun yn **bryderus**.

'Ro'n i'n meddwl mod i'n mynd i gael mwy o drafferth!'

'Esgusodwch fi?' meddai Alun.

'Y fodrwy 'na sy gynnoch chi ... Pwy wnaeth roi'r fodrwy i chi?'

'Mi ges i hi'n anrheg **amser maith yn ôl**, pan o'n i'n hogyn bach. Dw i ddim yn cofio pwy wnaeth roi'r fodrwy i fi. Dw i'n meddwl bod hi'n arfer bod yn fwclis.'

Mi edrychodd Tudur ar y rhif. Roedd o wedi dod o hyd i'r tri rhif. Roedd ei dasg ar ben ... bron. Roedd rhaid iddo fo neud rhai pethau bach eto.

'Alun,' dechreuodd Tudur, 'Edrycha ar hon.' Mi wnaeth Alun ddangos llun o'r gist iddo fo. 'Mae clo ar y gist yma. Dan ni angen tri rhif i agor y gist. Ac mae'r tri rhif yna gan dri o bobl wahanol. Rwyt ti'n un o'r bobl yna.'

Mi edrychodd Alun arno fo'n rhyfedd. Wedyn, mi ofynnodd o, 'A be sy yn y gist?'

'Fedra i ddim deud rŵan.'

'Ond pam mae gen i un o'r rhifau yna?'

'Fedra i ddim deud hynny chwaith,' atebodd Tudur. Doedd o ddim isio deud mwy. Dim eto.

Mi wnaeth Tudur roi llythyr i Alun a siarad eto. 'Plîs darllena'r llythyr yma. Mae dau berson arall wedi cael llythyrau yn union yr un peth. Mae'r llythyrau'n deud wrthoch chi be i neud. Rhaid i mi fynd rŵan. Mi wela i di cyn bo hir, dw i'n siŵr.' Mi wnaeth Tudur droi a gadael.

Roedd Alun wedi cael sioc. Doedd o ddim yn gwybod be i neud. Felly, mi agorodd o'r llythyr. Roedd o'n deud:

'Annwyl Dewi, Lleucu ac Alun,

Diolch am ddarllen fy llythyr i. Fel dach chi'n gwybod, mi wnes i eich helpu chi i ffeindio rhif. Mae dau berson arall wedi cael rhifau hefyd. Dydy'r rhifau unigol ddim yn bwysig. Ond, pan mae'r tri rhif gyda'i gilydd, maen nhw'n medru agor cist sy yn Ynys Môn. Mae'r gist yn fy nghartref i. Baswn i'n hoffi rhoi gwahoddiad i chi, i ddod i fy nghartref i. Plîs dewch yno i fy nghyfarfod i **ymhen** *tri diwrnod.*

Dw i ddim yn mynd i **sgwennu** *unrhyw beth arall. Os gwelwch chi'n dda, peidiwch â thrio cysylltu efo fi. Cyn bo hir, byddwch chi'n gwybod pwy ydw i. Ond dim heddiw ydy'r diwrnod yna. Taith dda i chi!*

Cofion,
Tudur'

Dri diwrnod yn **ddiweddarach**, mi wnaeth Dewi, Lleucu ac Alun gyrraedd Ynys Môn. Aethon nhw i gyd i'r un cyfeiriad, fel oedd yn y llythyr.

Lleucu ac Alun wnaeth gyrraedd gyntaf. Wedyn daeth Dewi. 'Helô,' meddai Dewi.

'Helô,' meddai Lleucu ac Alun.

Roedd y tri pherson yn dawel am funud. O'r diwedd, gofynnodd Dewi, 'Be dan ni'n neud yma?'

'Dach chi wedi darllen y llythyr?' gofynnodd Lleucu'n gynhyrfus.

'Do,' atebodd y dynion.

'Ond does gen i ddim syniad be ydy hyn i gyd,' ychwanegodd Dewi.

'Wel, be am fynd i mewn i gael gwybod,' meddai Lleucu. Wedyn, mi wnaeth hi guro ar y drws.

Mi agorodd Tudur y drws. Roedd o wedi gwisgo'n smart iawn. Wedi'r cyfan, roedd o'n **achlysur** arbennig. 'Helô,' meddai o'n bwyllog. Wedyn, mi wnaeth o ofyn iddyn nhw fynd i mewn a deud, 'Diolch am ddŵad.'

Roedd y tŷ yn daclus ac yn syml. Roedd o'n draddodiadol iawn. Mi wnaeth Tudur gynnig te iddyn nhw, ond doedd neb isio te. Roedden nhw'n rhy gynhyrfus. O'r diwedd, mi wnaeth Tudur wenu a deud, 'Dilynwch fi.'

Mi aeth Tudur ag Alun, Lleucu a Dewi i mewn i ystafell. Yn y canol, roedd y gist. Mi wnaethon nhw redeg at y gist. Roedden nhw wedi dŵad â'u rhifau efo nhw. Roedden nhw'n barod i agor y gist.

Mi ddechreuodd Dewi. Wedyn mi wnaeth Lleucu roi ei rhif hi i mewn. Wedyn, mi ddaeth tro Alun. Pan wnaeth o roi ei rif i mewn, mi glywon nhw sŵn yn y clo. Mi agorodd Alun y gist. Roedd hi'n llawn dop o bethau. Ar ben y cyfan, roedd llythyr arall.

Mi chwarddodd Alun. 'Ha! Llythyr arall? Fedra i ddim credu'r peth!'

'Oes rhywun yn mynd i ddarllen y llythyr?' gofynnodd Lleucu.

'Mi wna i ei ddarllen o,' meddai Dewi.

Mi wnaeth Dewi dynnu'r llythyr o'r gist. Mi ddarllenodd o'r llythyr i'r lleill:

'Helô Dewi, Lleucu ac Alun. Diolch yn fawr i chi am ddŵad. Dw i wedi gofyn i chi ddŵad yma am reswm arbennig. Fel dach chi'n gwybod, mi gaethoch chi eich **mabwysiadu**. *Mi wnes i ofyn i'r* **asiantaeth** *am hynny.'*

Roedd dwylo Dewi'n **crynu**.

'Ydy hynny'n wir amdanoch chi hefyd?'

'Ydy,' atebodd Alun.

'A fi. Rŵan, darllenwch y gweddill, plîs,' meddai Lleucu.

'Mae'r tri ohonoch chi'n deulu agos. Dach chi'n ddau frawd a chwaer. Fi ydy eich ewythr chi. Eich mam chi oedd fy chwaer i. Mi wnaeth hi a'ch tad chi farw mewn damwain. Mi ddigwyddodd hynny'n syth ar ôl i Dewi gael ei eni. Pethau eich rhieni chi ydy'r rhain. Eu mwclis nhw oedden nhw hefyd.

Ar ôl colli eich rhieni chi mewn ffordd mor ofnadwy, doedd gynnoch chi ddim teulu **heblaw amdanaf i**. *Mi* *wnes i drio cadw pawb efo'i gilydd fel teulu traddodiadol. Ond doeddwn i ddim yn medru edrych ar ôl babi a dau blentyn bach ar fy mhen fy hun. Roedd rhaid i mi drefnu i chi gael eich mabwysiadu. Do'n i ddim isio i chi fynd i gartref plant. Ond ro'n i isio gwneud yn siŵr bod gynnoch chi rieni **cariadus**. Ro'n i isio i chi gael y bywyd gorau posib. Felly mi wnes i ofyn i asiantaeth mabwysiadu am help.*

Rŵan, dach chi i gyd yn oedolion. Felly, mae'r amser wedi dŵad i ddeud wrthoch chi. Mae gynnoch chi fwy o deulu na'r rhai dach chi'n nabod. Edrychwch o gwmpas. Dewch i gyfarfod eich brodyr a'ch chwaer – a'ch ewythr, fi!

Cariad, Tudur.'

Mi edrychodd Dewi, Lleucu ac Alun ar ei gilydd. Wedyn, mi wnaethon nhw droi. Dyna lle roedd Tudur – eu hewythr nhw. Mi edrychodd o arnyn nhw a gwenu. 'Mae gen i gymaint i ddeud wrthoch chi!' meddai fo'n bwyllog.

Adolygu Pennod 3

Crynodeb

Mae Tudur yn teithio i Gaerdydd. Mae o'n cyrraedd tŷ y trydydd person, Alun. Mae gan Alun y trydydd rhif. Mae Tudur yn gwahodd Dewi, Lleucu ac Alun i Ynys Môn. Maen nhw'n cyrraedd Ynys Môn. Maen nhw'n barod i agor y gist. Maen nhw'n mynd i dŷ Tudur ac yn rhoi eu rhifau nhw i mewn. Mae'r gist yn agor. Mae 'na lawer o bethau yn y gist. Hefyd, mae llythyr yn y gist. Mae'r llythyr yn esbonio eu bod nhw'n frodyr a chwiorydd. Tudur ydy eu hewythr nhw.

Geirfa

gorffwys to rest
llogi to hire
ystyried to consider
cul narrow
chwaeth (-au) *eb* taste (in clothes etc.)
modrwy (-on) *eb* ring (for a finger)
pryderus anxious, worried, apprehensive
amser maith yn ôl a long time ago
ymhen in, after (*in expressions of time*)
sgwennu to write (*S. form* **ysgrifennu**)
diweddarach later
achlysur (-on) *eg* occasion
mabwysiadu to adopt
asiantaeth (-au) *eb* agency
crynu to shake
heblaw amdanaf i apart from me
cariadus loving

Cwestiynau Darllen a Deall

Dewiswch un ateb yn unig ar gyfer pob cwestiwn.

11) Mae Tudur yn teithio _____.
   a. i Gaernarfon ac Aberystwyth
   b. i Aberystwyth yn unig
   c. i Gaerdydd ac Ynys Môn
   ch. i Gaerdydd yn unig

12) Mae Tudur yn siarad efo'r gyrrwr tacsi _____.
   a. am ei deulu o
   b. am deulu Tudur
   c. am ddrama
   ch. am ei daith i Gaerdydd

13) Mae Alun yn byw _____.
   a. wrth ymyl parc
   b. ar gwch
   c. mewn pentref bach
   ch. wrth ymyl y môr

14) Yn y diwedd, _____ sy yn y gist.
   a. llythyr
   b. llythyr ac ychydig o bethau
   c. llythyr oddi wrth rieni'r bobl
   ch. arian

15) _____ ydy Dewi, Lleucu ac Alun.
   a. Cefndryd
   b. Brodyr a chwaer
   c. Ffrindiau
   ch. Plant

Tir Estron

Pennod 1 – Gwledydd Newydd

Gannoedd o flynyddoedd yn ôl, roedd **Llychlynwyr**
yn byw yng Ngogledd Ewrop. Enw'r cyfnod yma yw
Oes y Llychlynwyr. Roedd eu tir nhw'n oer. Doedd e
ddim yn **wastad** iawn. Roedd mynyddoedd ym mhob
man. Felly, do'n nhw ddim yn gallu **cynhyrchu**
llawer o fwyd. Dyna pam, efallai, roedd y Llychlynwyr
yn chwilio am **dir** newydd o hyd.

Yn ystod Oes y Llychlynwyr, roedd tref o'r enw
Asglor. Yn Asglor, roedd dyn ifanc yn byw. Roedd e
ychydig yn henach nag ugain mlwydd oed. Ei enw e
oedd Thoric. **Heliwr** oedd e.

Roedd Thoric yn bwerus iawn. Roedd e'n dal ac
roedd e'n olygus. Roedd gyda fe wallt brown hir a
thrwyn mawr. Roedd gyda fe geg lydan a choesau a
breichiau cryf.

Un prynhawn, daeth Thoric 'nôl o'r **helfa**. Roedd
tref Asglor yn llawn o bobl. Roedd yr haul yn disgleirio,
ond roedd hi ychydig bach yn oer. Ar ei ffordd adre,
gwelodd Thoric **fforiwr** enwog. Ei enw e oedd Niels.
Roedd Niels yn treulio llawer o amser y tu fas i Asglor.
Roedd e'n **fforio** gwledydd newydd. Roedd e'n
chwilio am leoedd newydd i dyfu bwyd.

Chwifiodd Thoric ar Niels. 'Helô!' galwodd e.

'Thoric!' atebodd Niels.

'Niels, wyt ti'n aros yn y dref?'

'Ydw. Dw i yma am ddwy noson arall.'

'A ble wyt ti'n mynd wedyn?'

'Dw i ddim yn gwybod yn union. Mae'r Pennaeth yn dweud ei fod e'n bell i ffwrdd.'

Roedd Thoric yn **parchu**'r Pennaeth yn fawr. Roedd e'n ddyn mawr. Roedd gwallt hir iawn gyda fe – y gwallt hira yn Asglor! Roedd **cyhyrau** mawr gyda fe hefyd, a llais **difrifol**. Ei enw e oedd Eskol. Roedd Eskol yn ddyn **llym** iawn. Roedd llawer o reolau a **chyfreithiau** gyda fe. Weithiau, roedd e'n gas. Ond, roedd y rhan fwyaf o bobl yn meddwl bod Eskol yn **arweinydd** da.

'Oes **cynlluniau** newydd gyda'r Pennaeth?' gofynnodd Thoric gyda diddordeb.

'Oes, ond dyw e ddim wedi esbonio'r cynlluniau eto. Mae e wedi dweud bod rhaid i ni fynd yn bellach, a dyna i gyd.'

Roedd y Pennaeth yn anfon dynion i fforio'n aml. Ro'n nhw'n fforio y tu fas i'r dref. Lle bach ar bwys y mynyddoedd oedd Asglor. Roedd llyn bach yno hefyd. Ar bwys y llyn, roedd afon oedd yn **arwain** at y môr. Yn yr haf, roedd digon o fwyd. Ond yn y gaeaf, roedd yr anifeiliaid a'r planhigion yn mynd. Doedd dim llawer o fwyd ar gael. Y gaeaf diwetha, gwnaeth llawer o bobl farw. Roedd y Pennaeth yn gwybod bod rhaid iddo fe ddod o hyd i diroedd newydd cyn bo hir.

'Newyddion da!' meddai Thoric. 'Dw i ddim eisiau llwgu y gaeaf yma!'

'Na fi. Rhaid i fy nheulu i fwyta'n well. Alla i ddim rhoi cig iddyn nhw drwy'r amser, a dim byd arall.'

Doedd Thoric ddim wedi cwrdd â theulu Niels o'r blaen. Roedd e'n gwybod bod tad Niels yn fforiwr enwog. 'Niels, rhaid i fi fynd,' meddai Thoric wedyn. 'Rhaid i fi lanhau'r anifeiliaid **saethais** i. Mae fy nheulu i eisiau gwerthu'r cig.'

'Iawn, ffrind. Dydd da i ti.'

Aeth Thoric 'nôl i'w dŷ e. Siaradodd e â'i rieni a'i chwaer e. Ffermwyr oedd ei deulu e. Roedd darn bach o dir gyda nhw. Ro'n nhw'n tyfu **cnydau**. Ro'n nhw'n magu anifeiliaid hefyd. Ro'n nhw'n cadw'r **benywod**. Ro'n nhw'n gwerthu'r **gwrywod**. Ro'n nhw hefyd yn gwerthu'r cig pan oedd Thoric wedi bod yn hela. Ro'n nhw'n ennill arian, ond doedd e byth yn ddigon.

Y noson yna, doedd Thoric ddim yn gallu cysgu. Roedd gormod o bethau ar ei feddwl e. Ble roedd y Pennaeth yn mynd? Beth oedd pwrpas y daith newydd yma?

Ddeuddydd wedyn, aeth Thoric i hela eto. Roedd llai o anifeiliaid y tro yma. Roedd y gaeaf yn dod. Roedd hi'n anodd saethu unrhyw beth!

Daeth Thoric 'nôl o'r helfa. Gwelodd e Niels eto. Roedd Niels yn cerdded yn gyflym. 'Thoric! **Dere**'n gyflym!' galwodd e.

'Beth sy'n bod, Niels?'

'Mae'r Pennaeth wedi galw cyfarfod. Rhaid i bawb fynd i'r cyfarfod.'

'Ydy e'n mynd i ddweud beth yw ei gynlluniau e?'

'Ydy, siŵr o fod! Rhaid i fi fynd. Cer â'r cig yna adre a dere'n gyflym!'

Aeth Thoric â'r cig adre. Wedyn, cerddodd e'n gyflym i'r Neuadd Fawr. Roedd y Neuadd Fawr yn adeilad pren enfawr. Roedd lluniau o **dduwiau**'r Llychlynwyr ar y waliau. Y Neuadd oedd cartref y Pennaeth. Roedd e'n byw yno gyda'i wraig e a'i bedwar plentyn. Roedd pawb oedd yn **gwasanaethu** ei deulu e a'r dref yn byw yno hefyd.

Roedd pobl yn cynnal sgyrsiau a chyfarfodydd yn aml yn y Neuadd Fawr. Roedd y Pennaeth yn galw pawb at ei gilydd, a'r dref i gyd yn dod. Dyna sut ro'n nhw'n cael gwybodaeth bwysig. A dyna beth ddigwyddodd y tro yma.

Adolygu Pennod 1

Crynodeb

Mae Thoric yn heliwr yn Oes y Llychlynwyr. Mae e'n byw mewn tref o'r enw Asglor. Dyn o'r enw Eskol yw Pennaeth Asglor. Mae Niels yn fforiwr. Mae e'n dod o hyd i diroedd newydd i'r Pennaeth. Mae Niels yn dweud wrth Thoric fod cynlluniau newydd gyda'r Pennaeth. Mae Eskol eisiau fforio'n bellach ac mae e'n galw cyfarfod. Mae'r dref i gyd yn dod i glywed y newyddion pwysig.

Geirfa

Llychlynwr (Llychlynwyr) *eg* Viking
gwastad flat, level
cynhyrchu to produce
tir (-oedd) *eg* land, terrain
heliwr (helwyr) *eg* hunter
helfa (helfeydd) *eb* hunt
fforiwr (fforwyr) *eg* explorer
fforio to explore
chwifio to wave
parchu to respect
cyhyr (-au) *eg* muscle
difrifol serious
llym strict
cyfraith (cyfreithiau) *eb* law
arweinydd (arweinwyr) *eg* leader
cynllun (-iau) *eg* plan, design
arwain to lead
saethu to shoot
cnwd (cnydau) *eg* crop

benyw (-od) *eb* female

gwryw (-od) *eg* male

deuddydd *ell* two days

dere come (*command form; N. form* **tyrd**)

duw (-iau) *eg* god

gwasanaethu to serve

Cwestiynau Darllen a Deall

Dewiswch un ateb yn unig ar gyfer pob cwestiwn.

1) _____ yw Thoric.
   - a. Fforiwr
   - b. Heliwr
   - c. Pennaeth
   - ch. Ffermwr

2) _____ yw Niels.
   - a. Fforiwr
   - b. Heliwr
   - c. Pennaeth
   - ch. Ffermwr

3) _____ yw Eskol.
   - a. Fforiwr pwysig
   - b. Gweinidog
   - c. Ffermwr
   - ch. Pennaeth

4) Mae tref Asglor _____.
   - a. yn llawn o fwyd drwy'r flwyddyn
   - b. angen mwy o fwyd yn yr haf
   - c. angen mwy o fwyd yn y gaeaf
   - ch. angen mwy o helwyr

5) Mae Niels yn credu bod Eskol eisiau trafod _____ yn y cyfarfod.
   a. problemau bwyd Asglor ar hyn o bryd
   b. cynllun Niels i fynd i fforio
   c. cynllun hela Thoric
   ch. ei gynlluniau e i fynd i fforio

Pennod 2 – Mynd i'r Gorllewin

Aeth y cyfarfod fel roedd Thoric wedi gobeithio. Ro'n nhw'n trafod **strategaeth** y Pennaeth ar gyfer y daith nesaf. Roedd e'n wir. Roedd Eskol eisiau teithio'n llawer pellach.

Cyhoeddodd Eskol ei gynllun newydd e. Roedd e eisiau mynd heibio'r mynyddoedd a'r llyn. Roedd e eisiau dilyn yr afon i lawr at y môr. Roedd e eisiau teithio dros y môr i ddod o hyd i fwy o dir. Ei strategaeth e oedd mynd mor bell â phosib i'r gorllewin.

Roedd pobl Asglor yn **synnu**, yn cynnwys Thoric a Niels. Ond, cytunodd pawb fod y daith yn syniad da. Dechreuon nhw adeiladu a threfnu.

Aeth mis heibio. Aeth e heibio'n araf iawn. Roedd y gaeaf yn **agosáu**. Roedd pobl Asglor yn gwybod basen nhw angen mwy o fwyd cyn bo hir. Do'n nhw ddim eisiau **prinder**. Ro'n nhw'n gobeithio basai'r gaeaf nesaf yn well. Do'n nhw ddim eisiau llwgu eto.

Niels oedd yn arwain y gwaith o adeiladu'r llongau. Ro'n nhw'n defnyddio coed oedd yn tyfu ar bwys yr afon i adeiladu'r llongau. 'Dweda wrtha i, Niels,' meddai Eskol, 'Pryd gallwn ni hwylio? Dw i'n gweld rhai llongau ar yr afon yn barod.' Wedyn, dwedodd e mewn llais difrifol, 'Rhaid i ni hwylio cyn bo hir.'

'Dw i ddim yn siŵr, Bennaeth. Efallai yr wythnos nesaf? Efallai cyn hynny.'

'Wythnos? Ardderchog!'

'Ie, mae'r pren yn dda. Mae'r **deunyddiau**'n gryf. Ac mae ein hadeiladwyr ni'n **fedrus** iawn,' atebodd Niels.

Y noson yna, siaradodd y Pennaeth yn y Neuadd Fawr unwaith eto. Roedd hi'n bryd iddo fe benderfynu pwy fasai'n mynd ar y llongau. Roedd lle i 75 o ddynion, a dim mwy. Un ar ôl y llall, cododd y dynion eu dwylo nhw. **Rhyfelwyr** oedd llawer ohonyn nhw. Ro'n nhw wedi cael llawer o hyfforddiant. Basai eu sgiliau nhw'n ddefnyddiol iawn ar y daith.

Roedd Thoric eisiau mynd hefyd. Doedd e ddim yn rhyfelwr, ond roedd e'n gallu hela'n dda iawn. Roedd bwyd yn bwysig pan oedd pobl yn fforio. Cododd Thoric ei law e. 'Dych chi ddim yn gwybod pa fwyd fydd yna,' meddai Thoric wrth y Pennaeth. 'Rhaid i chi gael helwyr. Galla i hela unrhyw beth yn unrhyw le,' meddai fe.

Edrychodd y Pennaeth Eskol arno fe a dweud, 'Iawn, Thoric. Dere gyda ni.'

O'r funud yna ymlaen, doedd Thoric ddim yn gallu aros tan y daith. Pan ddaeth y diwrnod mawr o'r diwedd, gwnaeth y Pennaeth, Niels, Thoric a gweddill y Llychlynwyr baratoi i hwylio. Gofynnon nhw i'r duwiau eu helpu nhw. Daeth eu gwragedd a'u teuluoedd i ddweud hwyl fawr. Gofynnodd Eskol i'w wraig e ofalu am bopeth pan oedd e ar y daith. Daeth hi i drafod pethau gyda'r dynion. Rhoiodd hi **anogaeth** iddyn nhw hefyd. Roedd hi'n mynd i fod yn daith hir. O'r diwedd, aeth y dynion ar y llongau. **Cychwynnodd** y daith.

Dechreuodd y tair llong hwylio i'r gorllewin. Ro'n nhw mewn **cyflwr** gwych. Roedd pawb yn edrych yn hapus. Aeth yr wythnosau cyntaf heibio heb unrhyw broblemau.

Wythnosau'n **ddiweddarach**, roedd y llongau wedi hwylio'n bell. Doedd y fforwyr ddim yn gallu gweld tir eto, dim ond dŵr. Welon nhw ddim adar chwaith. Roedd adar yn golygu bod tir yn agos.

Dechreuodd rhai o'r Llychlynwyr ofyn cwestiynau i Eskol. 'Bennaeth, wyt ti'n siŵr bod tir yn y gorllewin?' gofynnodd un dyn.

'Ydw, dw i**'n hollol** siŵr.'

'Beth os wnawn ni ddim dod o hyd iddo fe?'

Gwylltiodd y Pennaeth. 'Wnawn ni ddim methu!' gwaeddodd e. 'Mae tir i'r gorllewin. Dwedodd rhywun wrtha i fod tir yno. Roedd e wedi gweld y tir **gyda'i lygaid ei hun**. Wyt ti'n deall? Nawr, **cer** i ffwrdd!' meddai'r Pennaeth. A dyna ddiwedd y sgwrs.

Roedd Eskol yn gryf ac yn **benderfynol**. Doedd e ddim yn hoffi cael ei **herio**. Ond doedd y dynion ddim yn gwybod beth roedd e'n wybod. Iddyn nhw, doedd pwrpas y daith ddim yn glir. Penderfynodd e siarad â gweddill y llong. 'Mae tir yn y gorllewin!' gwaeddodd ar y fforwyr. 'Galla i brofi'r peth! Dych chi'n deall? Mae **tystiolaeth** gyda fi!' Dangosodd e ddarn o **ddefnydd**. Ar y defnydd, roedd siapiau rhyfedd. 'Gwnaeth rhywun hwn. Rhaid i chi fy nghredu i! Dw i'n gwybod bod tir yno!'

Arhosodd y Llychlynwyr yn dawel a **pharhau** i rwyfo. Ond roedd un cwestiwn ar feddwl pawb, 'Pwy ddwedodd wrth y Pennaeth fod tir i'r gorllewin?'

Yn hwyrach y diwrnod yna, dechreuodd hi fwrw glaw. Aeth y gwynt yn gryfach. Roedd y môr yn **arw**. Cyn bo hir, daeth storm ofnadwy. Do'n nhw ddim wedi gweld storm fel yna o'r blaen. Roedd y storm yn taro'n erbyn y llongau. Roedd yn anodd iawn iddyn nhw hwylio. **Brwydrodd** y Llychlynwyr yn galed i gadw'r tair llong yn gyfan.

O'r diwedd, tawelodd y storm. Roedd y Pennaeth yn gallu gweld yr awyr eto. Edrychodd e i weld ble roedd y llongau. Wedyn, gwylltiodd e. Roedd y storm wedi newid eu llwybr nhw! Doedd Eskol ddim yn siŵr ble ro'n nhw'n mynd. Ond doedd e ddim yn gallu dweud wrth y dynion. Roedd rhaid iddo fe obeithio basai popeth yn iawn. Basen nhw'n cyrraedd tir tasen nhw'n dal ati tuag at y gorllewin.

Ddyddiau'n ddiweddarach, **dihunodd** Thoric yn gynnar. Edrychodd e ar yr awyr. Yn sydyn, gwelodd e rywbeth. I ddechrau, doedd e ddim yn gallu credu ei lygaid e. Wedyn, edrychodd e eto. Oedden, ro'n nhw yno **go iawn**!

Rhedodd Thoric at Niels. 'Niels! Niels! Dihuna!' gwaeddodd.

'Beth sy'n bod?' meddai'r fforiwr, heb agor ei lygaid e.

'Mae adar yma!'

'Beth?'

'Mae adar yn yr awyr! Mae tir yn agos!'

Roedd llygaid Niels yn hollol agored nawr. Edrychodd e lan. Draw fanna, yn y gorllewin, roedd e'n gallu gweld adar! 'Felly, mae'n wir!' meddai fe.

Cododd Niels. Roedd rhaid iddo fe ddweud wrth y Pennaeth. Aeth Thoric gyda fe. 'Bennaeth, dihuna!' gwaeddodd Niels.

Dihunodd y Pennaeth yn syth. 'Niels? Thoric? Beth sy wedi digwydd?'

'Mae adar yn yr awyr!' gwaeddodd Niels.

'Mae tir yno!' gwaeddodd Thoric wedyn.

Safodd y Pennaeth yn gyflym. Wedyn, gwaeddodd e ar ddynion y llong, '**Rhwyfwch**! Dewch! Dihunwch, bawb! Mae tir ar y **gorwel**! Rhwyfwch!'

Rhwyfodd y Llychlynwyr yn galed. Gwelon nhw'r tir o'r diwedd. Dwedodd y Pennaeth wrthyn nhw am stopio'r llongau ar y traeth. Roedd y traeth yn hir iawn. Roedd llawer o goed a mynyddoedd ar bwys y traeth. Roedd e'n hardd iawn.

Camodd y Llychlynwyr oddi ar eu llongau nhw. Galwodd y Pennaeth ar y dynion, a gofyn iddyn nhw ddod at ei gilydd. Wedyn gwnaethon nhw wahanu'n grwpiau bach. Dwedodd y Pennaeth wrth un grŵp, 'Chi. Casglwch **ffyn**. Mae angen tân arnon ni.' Wedyn edrychodd e ar Thoric a Niels. 'Does dim llawer o **adnoddau** ar ôl gyda ni,' meddai fe. 'Wnawn ni ddim byw yn hir iawn fel hyn. Rhaid i ni hela. Saethwch lawer o anifeiliaid.'

Aeth Thoric a Niels i hela, ond roedd popeth yn teimlo'n **estron**. Roedd y coed a'r synau'n wahanol. Roedd hyd yn oed yr anifeiliaid yn wahanol. Ond roedd y dynion yn llwglyd. Lladdon nhw'r anifeiliaid gwahanol, a'u bwyta nhw. Roedd y cig yn wahanol, ond doedd e ddim yn ddrwg.

Siaradodd y Pennaeth â'r dynion y noson yna. 'Mae bwyd gyda ni nawr. 'Dyn ni'n ddiolchgar amdano fe,' meddai fe. 'Ond nawr, rhaid i ni **archwilio**'r lle. Rhaid i ni weld beth sydd heibio'r traeth. 'Dyn ni'n gallu ffermio fan hyn? Os 'dyn ni'n gallu magu anifeiliaid, bydd mwy o Lychlynwyr yn dod.'

Gofynnodd un o'r dynion, 'Sut 'dyn ni'n gwybod ble 'dyn ni? Mae rhai dynion yn meddwl bod y storm wedi newid llwybr y llongau.'

Wnaeth y Pennaeth ddim siarad am amser hir. Yn y diwedd, ddwedodd e ddim gair. **Anwybyddodd** e'r cwestiwn a dweud, 'Rhaid i ni archwilio'r lle yma. Byddwn ni'n dechrau yfory gyda'r wawr.'

Adolygu Pennod 2

Crynodeb

Mae'r Pennaeth yn rhannu ei gynllun e gyda'r pentref. Bydd y llongau'n hwylio i'r gorllewin ar y môr. Mae'r Pennaeth yn dewis Thoric a Niels i fynd ar y daith. Mae'r llongau'n gadael. Ar ôl llawer o wythnosau, mae'r dynion yn poeni bod dim tir i'r gorllewin. Mae'r Pennaeth yn dangos rhywbeth iddyn nhw, sy'n profi bod tir yno. Yn hwyrach y diwrnod yna, mae storm. Mae'r storm yn newid llwybr y llongau. Yn y diwedd, maen nhw'n cyrraedd y tir. Maen nhw'n dod oddi ar y llongau. Maen nhw'n hela am fwyd. Maen nhw'n paratoi i archwilio yn y bore.

Geirfa

strategaeth (-au) *eb* strategy
synnu to be surprised
agosáu to approach, to draw near
prinder (-au) *eg* shortage, scarcity
deunydd (-iau) *eg* material
medrus skilful
rhyfelwr (rhyfelwyr) *eg* warrior
anogaeth *eb* encouragement
cychwyn to start, to commence
cyflwr (cyflyrau) *eg* condition, state
diweddarach later
yn hollol completely, wholly
gyda'i lygaid ei hun with his own eyes
cer go (*command form; N. form* **dos**)
penderfynol determined
herio to challenge

tystiolaeth (-au) *eb* evidence

defnydd (-iau) *eg* fabric

parhau to continue

garw rough

brwydro to battle

dihuno to wake up (*N. form* **deffro**)

go iawn real, not imitation

rhwyfo to row

gorwel (-ion) *eg* horizon

camu to step

ffon (ffyn) *eb* stick

adnodd (-au) *eg* resource

estron alien, foreign

archwilio to examine, to inspect

anwybyddu to ignore

Cwestiynau Darllen a Deall

Dewiswch un ateb yn unig ar gyfer pob cwestiwn.

6) Faint o Lychlynwyr sy ar y daith?

    a. 30

    b. 60

    c. 75

    ch. 85

7) Faint o longau sy ar y daith?

    a. 2

    b. 3

    c. 4

    ch. 5

8) Hanner ffordd drwy'r fordaith, _____.
   a. mae Llychlynwyr eraill yn ymosod ar y llongau
   b. dydy'r llongau ddim yn aros gyda'i gilydd
   c. mae'r llongau'n dechrau suddo
   ch. mae'r llongau'n mynd trwy storm fawr

9) Pwy yw'r person cynta i weld yr adar yn yr awyr?
   a. Thoric
   b. Niels
   c. Y Pennaeth
   ch. Tad Niels

10) Ym mha drefn mae'r Llychlynwyr eisiau gwneud y
    pethau yma?
    a. archwilio'r tir, hela, magu anifeiliaid
    b. magu anifeiliaid, hela, archwilio'r tir
    c. hela, magu anifeiliaid, archwilio'r tir
    ch. hela, archwilio'r tir, magu anifeiliaid

Pennod 3 – Y Penderfyniad

Cododd y dynion gyda'r haul. Bwyton nhw ychydig bach o'r bwyd oedd ar ôl. Hefyd, roedd cig o'r helfa gyda nhw.

Aeth Thoric i siarad â'r Pennaeth ar ôl iddo fe orffen.
'Helô, Bennaeth,' meddai fe.
'Helô, Thoric. Wyt ti eisiau rhywbeth?'
'Rhaid i fi siarad â ti.'
'Iawn.'

Roedd Thoric eisiau gofyn am un peth. 'Ar ddechrau'r daith,' meddai fe, 'roedd y dynion yn **amheus**. Ro'n nhw'n gofyn llawer o gwestiynau. Do'n nhw ddim yn gwybod bod tir i'r gorllewin. Ond ro't ti'n arweinydd da. Cyrhaeddon ni'r wlad yma'n ddiogel.'
'Do. Beth wyt ti eisiau ei ddweud, Thoric?'
'Y dyn wnaeth ddweud wrthot ti am y wlad yma. Yr un wnaeth roi'r dystiolaeth i ti. Pwy oedd e?'
'Y dyn wnaeth ddweud wrtha i bod y wlad yma'n **bodoli**?'
'Ie, yn union.'
Edrychodd y Pennaeth o gwmpas.
'Beth sy'n bod?' gofynnodd Thoric.
'Ble mae Niels?'
'Mae e'n bwyta, dw i'n credu.'
'Dw i'n gweld. Y dyn wnaeth ddweud wrtha i am y lle yma oedd tad Niels.'

'Tad Niels?'

'Ie.'

Roedd Thoric yn synnu. Tad Niels oedd y dyn **dirgel**? Ond roedd tad Niels wedi marw. Doedd Thoric ddim yn deall. 'Ro'n i'n meddwl bod tad Niels wedi marw ar daith arall. Taith i'r dwyrain oedd hi,' meddai fe. 'Gwnaeth e farw yn y mynyddoedd.'

'Naddo. **Celwydd** oedd hynny. Gwnes i anfon y dynion i'r gorllewin. Taith **gyfrinachol** oedd hi. Doedd neb yn gwybod unrhyw beth.'

'Wnest ti anfon tad Niels i fan hyn? Ar ei ben ei hun?'

'Naddo. Anfonais i fe i'r gorllewin gyda 13 dyn arall. Gwnaeth dau ddyn farw ar y ffordd. Gwnaeth wyth dyn farw fan hyn. Aeth tad Niels adre, gyda dau ddyn arall. Gwnaethon nhw farw ar ôl cyrraedd. Ro'n nhw wedi blino'n lân. Doedd gyda ni ddim adnoddau i achub y dynion. Cyn i dad Niels farw, dwedodd e wrtha i am y wlad yma. Hefyd, rhoiodd e hwn i fi.'

Taflodd y Pennaeth y defnydd ar y bwrdd. Edrychodd Thoric ar y lluniau ar y defnydd. Rhyw fath o **ysgrifen** oedd e. Doedd Thoric ddim wedi gweld unrhyw beth tebyg iddo fe. Edrychodd Thoric 'nôl ar y Pennaeth. Oedd, roedd tystiolaeth gyda'r Pennaeth nawr. Ond beth am **bryd hynny**?

'Sut o't ti'n gwybod?' gofynnodd Thoric. 'Pam wnest ti anfon y dynion yna i'r gorllewin? Do't ti ddim yn gwybod bod rhywbeth dros y môr.'

'Roedd teimlad gyda fi.'

'Roedd teimlad gyda ti? Gwnaeth tad Niels farw achos bod teimlad gyda ti? Achos dy fod di wedi cymryd risg?' Edrychodd Thoric ar Eskol. 'Tasai Niels yn gwybod, fasai e byth yn **maddau** i ti.'

Gafaelodd y Pennaeth ym mraich Thoric. 'Alli di ddim dweud wrth Niels. Niels yw'r fforiwr gorau sy gyda ni. Mae e bron mor dda â'i dad e. Allwn ni ddim gwneud iddo fe boeni nawr. 'Dyn ni angen ei help e.'

Nodiodd Thoric. 'Dw i'n deall.'

'Nawr, cer 'nôl at y dynion,' meddai'r Pennaeth. 'Paid â siarad am hyn eto.'

Ychydig yn ddiweddarach, cododd y dynion eu **harfau** nhw. Croeson nhw'r traeth a mynd i mewn i'r goedwig. Ro'n nhw'n barod i archwilio. Arweiniodd Niels y grŵp. Roedd hi'n boeth iawn yn barod. Cerddon nhw am oriau. Wedyn, ar waelod bryn, gwelon nhw rywbeth. Cymuned fach. Pentref, hyd yn oed. Chwifiodd Niels ei law e. Stopiodd y grŵp yn syth.

Edrychodd Niels, Eskol a Thoric yn ofalus. Roedd y pentref yn rhyfedd. Roedd y tai yn wahanol. Roedd y dynion, y menywod a'r plant yn wahanol iddyn nhw. Ro'n nhw'n gwisgo dillad anghyffredin. Ro'n nhw'n siarad iaith estron iawn. Doedd y dynion ddim yn gwybod beth i feddwl.

Aeth y Pennaeth i'r pentref yn gyntaf. Daeth gweddill y grŵp ar ei ôl e. I ddechrau, roedd llawer o bobl yn ofnus. Rhedodd rhai at eu tai nhw. Gwnaeth y Pennaeth symudiadau **pwyllog** gyda'i ddwylo e. 'Wnawn ni ddim eich brifo chi!' meddai fe, mewn llais tawel. Dwedodd Eskol y geiriau eto ac eto. Gwnaeth e'r un symudiadau syml bob tro.

Ar ôl ychydig bach o amser, daeth pennaeth y pentref i siarad ag Eskol. Cynigiodd e ddiod i Eskol. Edrychodd Eskol ar y ddiod. Wedyn, dwedodd pennaeth y pentref 'diod' yn iaith y Llychlynwyr. Edrychodd Eskol arno fe'n syn. Oedd y dyn yn siarad eu hiaith nhw?

Siaradodd Eskol â phennaeth y pentref am oriau. Esboniodd y pennaeth lawer o bethau. Roedd e wedi dysgu iaith y Llychlynwyr oddi wrth y bobl oedd ar y daith gyntaf. Roedd e wedi siarad â nhw!

Esboniodd pennaeth y pentref beth ddigwyddodd i'r dynion. Wnaeth y bobl leol ddim lladd y dynion. Trion nhw helpu'r dynion. Wnaeth y dynion ddim derbyn eu help nhw, felly gwnaethon nhw farw. Cafodd rhai eu lladd gan anifeiliaid. Gwnaeth rhai farw ar ôl bwyta'r bwyd anghywir. Gwnaeth rhai farw o **afiechyd**.

Ar ôl siarad â phennaeth y pentref, galwodd Eskol ar ei ddynion e. Dwedodd e wrthyn nhw:
'Ddynion, dw i wedi dysgu llawer o bethau. Y peth pwysica yw, mae Llychlynwyr wedi bod yma o'r blaen. Wnaethon nhw ddim gwrando ar y bobl leol. A gwnaethon nhw farw.' Edrychodd e ar ei ddynion i gyd. Roedd e'n edrych yn ddifrifol iawn.
Aeth Eskol ymlaen, 'Dwedodd e fod rhai o'r Llychlynwyr yna wedi gadael. Trion nhw fynd adre.' **Oedodd** e am funud. 'Cwrddais i â'r dynion yna,' meddai wedyn. 'Dwedon nhw wrtha i am y wlad yma. Maen nhw wedi marw hefyd. Gwnaethon nhw farw o **orflinder** ar ôl y daith.'

Edrychodd y dynion ar ei gilydd. Dyna sut roedd Eskol yn gwybod am y tiroedd yn y gorllewin!

Doedd Eskol ddim wedi gorffen siarad. Roedd e'n dawel iawn. Wedyn, dwedodd e, 'Rhaid i ni wneud penderfyniad. 'Dyn ni ddim yn gwybod ble 'dyn ni. Achos y storm, do'n ni ddim ar y llwybr cywir.' Roedd y Llychlynwyr yn dawel am amser hir.

Wedyn, dwedodd Eskol, 'Rhaid i ni benderfynu. 'Dyn ni'n mynd i aros fan hyn? Wnawn ni ddysgu byw yn y gymdeithas yma? Os byddwn ni'n aros, bydd pobl y gymuned yma'n ein helpu ni. Byddan nhw'n rhoi bwyd i ni. Byddan nhw'n ein dysgu ni.' Edrychodd e o gwmpas ar y dynion. 'Neu, 'dyn ni eisiau mynd adre? Ond mae siawns dda byddwn ni'n **gorflino** ac yn marw.'

Edrychodd Eskol ar bobl y pentref. 'Maen nhw'n bobl dda,' meddai fe. 'Maen nhw'n nabod y tir. Maen nhw'n ffermio'r tir yma. Maen nhw'n gwybod sut i hela yma. Maen nhw wedi gofyn i ni aros. I fi, mae'r dewis yn glir. Bydda i'n aros.'

Edrychodd y dynion ar y Pennaeth. Dwedodd un, 'Felly, 'dyn ni'n mynd i adael ein teuluoedd ni? Fyddwn ni byth yn gweld ein ffrindiau ni eto. 'Dyn ni ddim yn gallu gwneud hynny!'

Gwaeddodd dyn arall, 'Edrychwch ar ein llongau ni! Mae'r storm wedi eu **dinistrio** nhw! Fyddwn ni ddim yn gallu cyrraedd adre'n saff gyda llongau fel yna! Dw i'n dweud dylen ni aros.'

Edrychodd y Pennaeth ar ei ddynion e. 'Efallai bod y ddau ohonoch chi'n iawn. Dyna pam cewch chi ddewis, fel unigolion. Os dych chi eisiau gadael, dych chi'n rhydd i fynd. Wnaf i ddim gwneud i chi aros.

Os dych chi'n penderfynu aros, mae croeso i chi yma. Ond o hyn ymlaen, dim fi yw eich pennaeth chi. Dim ond dyn dw i.'

Dros y dyddiau nesaf, ffurfiodd dau grŵp. Roedd un grŵp eisiau aros yn y tiroedd newydd. Basen nhw'n **sefydlu** cymdeithas Lychlynnaidd newydd. Basai'r ail grŵp yn mynd â'r llongau gorau. Basen nhw'n ceisio cyrraedd adre.

Aeth mis heibio. Wedyn, gadawodd yr ail grŵp. Pan o'n nhw'n hwylio i ffwrdd, siaradodd Eskol. 'Wnaeth pethau ddim gweithio fel ro'n i eisiau.'

'Naddo,' atebodd Niels wrth edrych ar ei **gyn-bennaeth**. 'Ro't ti eisiau helpu ein tref ni. Ro'n ni'n anlwcus. Ond mae fan hyn yn lle da. Gallwn ni fyw fan hyn.'

'Gallwn,' meddai Thoric. 'Mae'n ddiddorol. Mae'n dda bod mewn lle newydd gyda phethau newydd.'

'A gallwn ni ddal ati i fforio,' aeth Niels ymlaen. 'Gallwn ni ddod o hyd i **heriau** newydd a diddorol. Paid â phoeni. Byddwn ni'n hapus.' Wedyn, gwenodd e a dweud, 'Bennaeth annwyl.'

Chwarddodd y dynion. Ro'n nhw'n barod am eu hantur nesa nhw – archwilio byd newydd. Heddiw, enw'r byd yma yw Gogledd America.

Adolygu Pennod 3

Crynodeb

Mae Thoric yn gofyn i'r Pennaeth sut roedd e'n gwybod am y wlad newydd. Mae Eskol yn esbonio ei fod e wedi anfon dynion i fforio yn y gorllewin flynyddoedd yn ôl. Dim ond tri dyn ddaeth adre. Gwnaethon nhw farw o orflinder. Wedyn, mae'r Pennaeth a'r dynion yn archwilio'r tir newydd. Maen nhw'n dod o hyd i bentref bach. Mae'r pennaeth lleol yn siarad iaith y Llychlynwyr. Mae e'n esbonio bod y pentrefwyr wedi ceisio helpu'r Llychlynwyr. Wnaeth y dynion ddim gwrando a gwnaethon nhw farw. Mae Eskol yn penderfynu bod rhaid i bob dyn benderfynu beth i wneud. Mae rhai dynion yn penderfynu mynd ar y daith beryglus adre. Mae Eskol, Niels a Thoric yn penderfynu aros. Maen nhw eisiau fforio'r wlad newydd. Yn y dyfodol, enw'r tiroedd newydd fydd Gogledd America.

Geirfa

amheus suspicious

bodoli to exist

dirgel mysterious, cryptic

celwydd (-au) *eg* lie, untruth

cyfrinachol secret, confidential

ysgrifen (ysgrifeniadau) *eb* writing

pryd hynny then, at that time

maddau to forgive

arf (-au) *eg* weapon

pwyllog level-headed, measured

afiechyd (-on) *eg* disease

oedi to pause, to delay

gorflinder *eg* exhaustion

gorflino to overtire
dinistrio to destroy
sefydlu to establish
cyn-bennaeth ex-chief, former head
her (-iau) *eb* challenge

Cwestiynau Darllen a Deall

Dewiswch un ateb yn unig ar gyfer pob cwestiwn.

11) Pwy ddwedodd wrth Eskol am y tiroedd yn y gorllewin?
   a. Tad Eskol
   b. Tad Thoric
   c. Tad Niels
   ch. Pennaeth y pentref

12) Wrth archwilio, mae'r fforwyr yn dod o hyd i _____.
   a. anifeiliaid Llychlynnaidd
   b. grŵp arall o Lychlynwyr
   c. grŵp o bobl leol
   ch. fferm

13) Mae'r Llychlynwyr yn ffurfio dau grŵp achos _____.
   a. eu bod nhw'n llwglyd
   b. bod rhaid iddyn nhw ymladd
   c. eu bod nhw eisiau gwneud pethau gwahanol
   ch. bod llwybr y llong wedi newid

14) Mae Eskol yn penderfynu _____.
   a. mynd 'nôl adre
   b. mynd i chwilio am fwy o wledydd gwahanol
   c. aros yn y wlad newydd
   ch. ymladd yn erbyn y bobl leol

15) Heddiw, enw'r wlad yn y stori yw _____.
   a. Norwy
   b. Gogledd America
   c. y Deyrnas Unedig
   ch. De America

Lowri, y Ddynes Anweledig

Pennod 1 – Y Digwyddiad

Mae Lowri'n **ddynes gyffredin**. Dydy hi ddim yn dalach na'r cyffredin. Dydy hi ddim yn drymach na'r cyffredin. Mae gynni hi swydd gyffredin ac mae hi'n ennill incwm cyffredin. Mae hi'n byw mewn tŷ maint **canolig**. Mae hi'n gyrru car maint canolig. Mae gynni hi gi maint canolig, hyd yn oed! Felly, bywyd cyffredin ydy bywyd Lowri.

Mae Lowri wedi byw bywyd syml – bywyd heb ddigwyddiadau mawr. Aeth hi i'r brifysgol. Mae hi'n byw ac yn gweithio yn Wrecsam, gogledd-ddwyrain Cymru. Mae hi'n swyddog **gweinyddol** mewn tîm rheoli **gwerthiant**. Mae hi'n gadael y gwaith yn hwyr yn aml. Dydy hi byth yn cwyno am ei chwmni hi. Mae hi'n aelod perffaith o'r staff ac **yn hollol** broffesiynol.

Mae Lowri'n hoff iawn o'i hardal hi. Ar benwythnosau, mae hi'n mwynhau treulio amser efo'i theulu a'i ffrindiau hi. Maen nhw'n hoffi mynd i glybiau chwaraeon a'r sinema, ac maen nhw'n mynd i weld dramâu weithiau. Y penwythnos dwetha, mi wnaeth hi a'i gŵr wylio cyfres ddrama dda ar y teledu. Ond weithiau, mae Lowri isio amser **distaw**. Dyna pam mae hi'n mynd allan o'r ddinas ar rai penwythnosau.

Heddiw, mae Lowri'n gyrru i'r wlad efo'i ffrindiau hi, Raj a Mared. Maen nhw'n mynd i gael barbeciw.

Mae Lowri'n stopio ei char hi mewn parc y tu allan i Wrecsam. Mae o'n barc hardd ar lan Afon Alun, ac mae coedwig yno hefyd. Mae Mared yn edrych o gwmpas. 'Lle ardderchog i gael barbeciw!'

'Dw i'n cytuno,' medd Raj. 'Oes gynnon ni ddigon o fwyd?'

'Wrth gwrs,' medd Lowri. 'Dw i'n gwybod eich bod chi'n licio bwyta!' Maen nhw i gyd yn chwerthin. Wedyn, mae Lowri'n deud, 'Dewch i ddechrau coginio!'

Mae Lowri, Raj a Mared yn tynnu'r bwyd o'r car. Maen nhw'n rhoi cerddoriaeth ymlaen ac yn paratoi'r barbeciw. Mae Lowri'n nôl y **golosg** ac yn **cynnau**'r tân. Mae hi'n aros iddo fo boethi. Pan mae hi'n aros, mae hi'n edrych ar ei negeseuon hi.

'O na!' medd Lowri. Mae hi wedi cael neges oddi wrth bennaeth ei swyddfa hi. Mi anghofiodd hi bostio rhywbeth i'r **adran gynhyrchu**. Maen nhw isio'r pecyn rŵan! Mae Lowri wedi **ymgeisio** am swydd newydd yn yr adran gynhyrchu. Mae gynni hi gyfweliad dydd Llun. Rhaid iddi hi **ddatrys** y broblem yma'n syth!

Mae Lowri'n edrych ar ei ffrindiau hi. Mae hi'n dal ei ffôn symudol hi. 'Hei,' medd. 'Mi fydda i efo chi mewn munud. Rhaid i mi ffonio rhywun yn y gwaith.'

'O, **tyrd** 'mlaen Lowri,' medd Raj. 'Rwyt ti'n gweithio o hyd ...'

'Mae Raj yn iawn, Lowri,' medd Mared.

'Dw i'n gwybod ... dw i'n gwybod ...' medd Lowri. 'Ond mi ges i neges gan y rheolwraig. A dydy hi ddim yn hapus.'

Mae Lowri'n mynd i'r goedwig. Mae hi'n dechrau nosi. Mae'r coed yn dal. Dydy hi ddim yn medru gweld yn dda iawn.

Mae Lowri'n ffonio ei swyddfa hi. Mae hi'n siarad efo swyddog gweinyddol arall. Mae'r swyddog yn gofyn iddi hi aros am y rheolwraig.

Pan mae hi'n aros, mae Lowri'n edrych o gwmpas. Yn sydyn, mae hi'n **sylwi** ar rywbeth. Yng nghanol y coed, mae hi'n gweld golau rhyfedd! Mae Lowri'n rhoi ei ffôn yn ei bag hi. Mae hi'n mynd draw at y golau.

Mae'r golau'n **dŵad** o bêl arian hardd. Dydy Lowri ddim wedi gweld pêl debyg iddi hi o'r blaen! Mae patrymau arni hi. Mae hi'n estyn ei llaw hi i **afael** yn y bêl. Mae'r bêl yn oer. Mae hi'n teimlo'n braf.

Mae Lowri'n codi'r bêl. Wedyn, yn sydyn iawn, mae'r golau'n diffodd. Mae'r bêl yn teimlo'n rhyfedd iawn yn ei llaw hi. Mae hi bron yn rhy oer rŵan. Dydy Lowri ddim yn hoffi'r teimlad yna. Mae hi'n gollwng y bêl. Wedyn, mae hi'n mynd 'nôl at y barbeciw.

Mae Lowri'n cerdded at ei ffrindiau hi. Maen nhw'n siarad amdani hi. 'Mi ddylai Lowri ddiffodd ei ffôn hi ar y penwythnos,' medd Raj.

'Dw i'n cytuno,' medd Mared. 'Dydy gweithio mor galed ddim yn dda i ti. Rhaid i'r corff a'r meddwl gael llonydd. Rhaid iddi hi ymlacio weithiau.'

Mae Lowri'n agosáu atyn nhw. 'Dach chi'n siarad amdana i?' mae hi'n deud, ac yn chwerthin. 'Iawn, iawn! Dw i'n barod i ymlacio!'

Dydy Raj a Mared ddim yn ateb. Mae Raj yn edrych ar y barbeciw. Mae'r ddau yn **anwybyddu** Lowri**'n llwyr**. Dydyn nhw ddim hyd yn oed yn edrych arni hi.

'Pam dach chi ddim yn edrych arna i?' mae Lowri'n gofyn. Mae hi'n chwifio ar Raj. Mae hi'n rhoi ei hwyneb hi **wrth ymyl** wyneb Mared. Wedyn, mae hi'n gwneud rhywbeth **gwirion** i **dynnu eu sylw** nhw. Mae hi'n dawnsio o gwmpas ac yn chwifio ei breichiau hi. Mae Mared yn edrych o gwmpas, ond wedyn maen nhw'n ei hanwybyddu hi, fel tasai hi ddim yna!

Mae Raj a Mared yn siarad am Lowri o hyd. 'Tybed lle mae hi?' mae Raj yn gofyn. 'Mae hi wedi bod ar ei ffôn hi ers amser hir. Dw i'n dechrau poeni.'

'Rwyt ti'n gwybod sut mae hi,' medd Mared. 'Mae hi'n darllen adroddiadau **cyllid** neu ddogfennau neu rywbeth. Bydd hi 'nôl cyn bo hir.'

Wedyn, mae Lowri'n **sylweddoli**. Dydy ei ffrindiau hi ddim yn medru ei gweld hi! Mae'r peth yn **anghredadwy**, ond mae'n rhaid ei bod hi'n **anweledig**! Mae fel tasai hi mewn rhaglen deledu!

'**O'r mawredd**!' mae Lowri'n meddwl. 'Dw i ddim yn medru credu'r peth!' Wedyn mae hi'n meddwl, 'Ond pam?' Yn sydyn, mae Lowri'n cofio'r peth rhyfedd yn y goedwig. Ella bod y golau wedi gwneud rhywbeth iddi hi. 'Ydw i'n anweledig achos fy mod i wedi cyffwrdd â'r golau?' Dydy hi ddim yn siŵr.

Dydy Lowri ddim yn gwybod be i wneud. Yn y diwedd, mae hi'n penderfynu. 'Dw i ddim yn gwybod am faint bydd y golau yna'n **effeithio ar**na i,' medd. 'Dw i'n anweledig! Rhaid i mi fwynhau'r peth!'

Mae Lowri'n gwylio ei ffrindiau hi. Mae Raj yn tynnu'r bwyd oddi ar y barbeciw. Mae Mared yn rhoi diodydd oer ar y bwrdd. Mae Lowri'n gwrando ar eu sgwrs nhw.

'Wel ydy, Raj,' medd Mared. 'Mae Lowri'n gweithio'n galed, ond mae hynny'n normal. A beth bynnag, dyma ei chyfle mawr hi. Ella bydd hi'n rheoli'r cwmni yn y dyfodol!'

'Ella, ond dydy hi ddim yn ennill digon o arian,' medd Raj.

'Mae hynny'n wir,' medd Mared. 'Ond mi fydd ei chyflog hi'n gwella. **Pwy a ŵyr** be sy'n mynd i ddigwydd!'

'Dw i'n gwybod hynny. Ond baswn i'n licio tasai hi'n medru ymlacio ychydig bach mwy.'

'Dw i'n gwybod. Baswn i'n licio hynny hefyd,' medd Mared, a throi'r bwyd ar y barbeciw.

Mae Lowri'n synnu. Doedd hi ddim yn gwybod bod ei ffrindiau hi'n ei **pharchu** hi cymaint. Maen nhw'n dweud pethau mor neis amdani hi! Mae hi'n gwenu'n hapus.

Yn sydyn, mae llais Raj yn newid. '**O ddifri** rŵan,' medd. 'Lle mae Lowri?'

'Does gen i ddim syniad,' ydy ateb Mared. 'Be am fynd i chwilio amdani hi?'

Mae ffrindiau Lowri'n diffodd y gerddoriaeth. Maen nhw'n cerdded at y goedwig. Maen nhw'n cerdded yn syth at y bêl ryfedd! Mae'r bêl ar y llawr. Raj sy'n gweld y bêl yn gyntaf. 'Edrycha, Mared. Be ydy'r bêl yma?' Mae o'n **plygu** ac yn codi'r bêl. Mae o'n dechrau **archwilio**'r bêl yn ofalus.

Mae Mared yn edrych arno fo'n rhyfedd. 'Dw i ddim yn gwybod ... ond faswn i ddim yn gafael ynddi hi!'

Mae Raj yn edrych yn syn. 'Rwyt ti'n iawn!' Mae o'n taflu'r bêl i mewn i'r coed. Mae'r ddau'n mynd i chwilio am Lowri eto.

Ar ôl tipyn o amser, mae Raj a Mared yn cerdded 'nôl at y barbeciw. Mae'r ddau'n stopio'n syn. Dydy car Lowri ddim yna! Mae Raj yn edrych ar Mared. 'Be sy'n digwydd fan hyn? Ydy hi'n chwarae gêm?' mae o'n gofyn.

'Does gen i ddim syniad,' ydy ateb Mared. 'Dim syniad o gwbl.'

Yn y cyfamser, mae Lowri ar ei ffordd 'nôl i Wrecsam. Mae hi isio mwynhau bod yn anweledig. Y lle gorau i wneud hyn ydy lle cyhoeddus. Pan mae hi'n gyrru, mae ei ffrindiau hi'n gwneud galwad ffôn bwysig – i'r heddlu!

Adolygu Pennod 1

Crynodeb

Mae Lowri'n ddynes gyffredin. Mae hi'n swyddog gweinyddol yn Wrecsam. Un diwrnod, mae Lowri a'i ffrindiau'n gyrru i barc yn y wlad. Maen nhw isio cael barbeciw. Yn ystod y barbeciw, mae Lowri'n dŵad o hyd i bêl ryfedd. Mae hi'n cyffwrdd â'r bêl ac yn troi'n anweledig. Does neb yn medru ei gweld hi na'i ffeindio hi. Mae Lowri'n mynd 'nôl i Wrecsam. Mae hi isio mwynhau bod yn anweledig. Mae ei ffrindiau hi'n poeni. Maen nhw'n ffonio'r heddlu.

Geirfa

dynes (menywod) *eb* woman (*S. form* **menyw** *eb*)
cyffredin ordinary, common
canolig average, medium
gweinyddol administrative
gwerthiant (gwerthiannau) *eg* sale
yn hollol completely, wholly
distaw quiet (*S. form* **tawel**)
golosg (-ion) *eg* charcoal
cynnau to light, to ignite
adran gynhyrchu production department
ymgeisio to apply
datrys to solve
tyrd come (*command form; S. form* **dere**)
sylwi (ar) to notice
dŵad to come (*S. form* **dod**)
gafael (yn) to grasp, to clutch, to hold
anwybyddu to ignore
yn llwyr totally
wrth ymyl near, by (*S. form* **ar bwys**)

gwirion daft, silly (*S. form* **twp**)

tynnu sylw to draw attention

cyllid (-au) *eg* finance, revenue

sylweddoli to realise

anghredadwy unbelievable

anweledig invisible

o'r mawredd goodness (*exclamation*)

effeithio ar to have an effect on

pwy a ŵyr? who knows?

parchu to respect

o ddifri seriously

plygu to bend, to fold

archwilio to examine, to inspect

yn y cyfamser in the meantime

Cwestiynau Darllen a Deall

Dewiswch un ateb yn unig ar gyfer pob cwestiwn.

1) Swydd Lowri ydy _____.
   - a. swyddog gweinyddol
   - b. cogydd
   - c. gyrrwr
   - ch. gwerthwr

2) Mae Lowri _____.
   - a. yn ferch ifanc iawn
   - b. yn ddynes sy ddim yn dal nac yn fyr
   - c. yn hen ddynes
   - ch. heb gael ei disgrifio'n dda yn y stori

3) Enwau ffrindiau Lowri ydy _____.

    a. Owain a Lowri

    b. Jo a Sara

    c. Raj a Mared

    ch. Ioan a Sali

4) Mae ei ffrindiau hi'n meddwl _____.

    a. dylai Lowri chwilio am swydd newydd

    b. bod Lowri ddim yn gweithio digon

    c. bod Lowri'n gweithio gormod

    ch. basai Lowri'n medru bod yn weithiwr gwell

5) Mae Lowri'n penderfynu _____.

    a. mynd i Wrecsam i gael help

    b. ffonio ei ffrindiau hi

    c. mwynhau ei phŵer newydd hi

    ch. gwrando ar sgyrsiau pobl dydy hi ddim yn eu nabod

Pennod 2 – Y Celwydd

Mae Lowri'n cyrraedd Wrecsam. Mae hi'n parcio wrth ymyl yr orsaf drenau ac yn cerdded drwy'r ddinas. Does neb yn ei gweld hi. Dydy hi ddim yn medru credu'r peth. Mae hi'n chwerthin yn ddistaw. 'Mae hyn yn hollol anghredadwy!'

Mae Lowri'n meddwl be i wneud nesa. Yn ei phen hi, mae hi'n gwneud rhestr o'r holl bethau fasai'n medru bod yn hwyl. Mae hi'n dechrau chwerthin. Am y tro cyntaf yn ei bywyd hi, dydy hi ddim yn gyffredin!

Mae Lowri'n cerdded i lawr Ffordd yr Wyddgrug. Mae hi'n mynd heibio'r Cae Ras, sef stadiwm tîm pêl-droed Wrecsam. Mae hi'n noson brysur. Mae llawer o bobl o gwmpas achos bod Wrecsam yn chwarae heno.

Mae Lowri'n cerdded i mewn i'r archfarchnad. Er bod pobl ddim yn medru ei gweld hi, mae rhai pobl yn medru ei theimlo hi. Rhaid iddi hi fod yn ofalus. Mae hi'n gafael mewn pâr o esgidiau a ffrog. Mae hi'n edrych arnyn nhw, ond yn rhoi'r pethau 'nôl wedyn. Mae hi'n hoffi bod yn anweledig, ond dydy hi ddim isio dwyn.

Wedyn, mae Lowri'n mynd i fwyty poblogaidd. Mae rhes hir o bobl isio mynd i mewn. Mae hi'n cerdded heibio'r rhes yn hawdd. 'Mae hyn yn hwyl!' mae hi'n meddwl. Mae hi'n mwynhau bod yn ddynes anweledig.

Mae hi'n aros yn y bwyty am dipyn. Wedyn, mae Lowri'n cael syniad. Be am fynd i'r swyddfa? Mae ei rheolwraig hi'n gweithio heno. Basai hi'n hwyl gweld be mae hi'n wneud. Fydd hi ddim yn gwybod bod Lowri yno. Diddorol iawn!

Mae Lowri'n rhedeg i'r swyddfa. Mae hi'n mynd i mewn i'r adeilad. Mae hi'n edrych ar y **camera diogelwch**. Mae sgrin y cyfrifiadur yn glir. Dydy'r camera diogelwch ddim yn recordio Lowri. Mae hi'n saff!

Mae Lowri'n aros am funud. Mae swyddog gweinyddol arall yn dŵad i mewn i'r adeilad. Mae o'n mynd i'r un swyddfa. Mae hi'n dilyn y dyn i mewn i'r lifft. Cyn bo hir, mae hi ar y seithfed llawr. Mae'n bryd iddi hi chwilio am ei rheolwraig hi!

Mae rheolwraig Lowri, Ms Owen, yn y brif swyddfa. Mae hi'n siarad efo llawer o reolwyr eraill. 'Mae ein staff ni'n gweithio'n galed iawn,' medd hi. 'Dan ni'n rhoi **taliadau bonws** i rai pobl. Mae rhai eraill yn cael stoc, hyd yn oed. Ond mae rhai gweithwyr yn cael **canran** fach o'r **elw**, a dim mwy. Y dyddiau yma, dydy hynny ddim yn ddigon. Rhaid i ni newid rhywbeth yn y lle yma. Rhaid i ni adeiladu ein busnes ni. Mae angen i'n staff ni ennill mwy o arian.'

Doedd Lowri ddim yn credu ei chlustiau hi. 'Mae Ms Owen yn **cwffio** dros ei staff hi!' meddyliodd hi. 'Do'n i ddim yn meddwl basai hi'n gwneud hynny!'

'Er enghraifft,' medd Ms Owen wedyn, 'mae gen i swyddog gweinyddol o'r enw Lowri. Mae hi wedi gweithio yma ers pum mlynedd. Mae hi'n gweithio oriau hir. Dydy hi ddim wedi gofyn am **godiad cyflog**. Mae hi'n aelod **gwerthfawr** o'r staff. Ond fedra i ddim talu mwy i Lowri ar hyn o bryd. Pam? Achos bod elw'r cwmni'n isel y chwarter yma. Rhaid i ni gadw ein harian ni er mwyn aros ar agor. Rhaid i rywbeth newid!'

'O'r mawredd!' medd Lowri wrthi hi ei hun. 'Mae fy rheolwraig i newydd ddweud fy mod i'n aelod gwerthfawr o'r staff! O flaen pawb! Mae hynny'n mynd i fod yn help mawr i fy **ngyrfa** i!' Wedyn mae hi'n meddwl, '**Bechod** bod elw'r cwmni mor isel. Ond sut? Mae Emrys yn gweithio ar y prosiect technoleg mawr 'na. Dw i'n siŵr bydd hwnna'n helpu'r cwmni i wneud elw.'

Mae Lowri isio gwybod be sy'n digwydd. Ac mae rŵan yn amser perffaith i chwilio am atebion. Mae hi'n anweledig, wedi'r cyfan. Mae hi'n medru mynd i bob man!

Mae Lowri'n mynd i swyddfa Emrys. Mae Emrys yn **rheolwr rhaglennu**. 'Dw i ddim isio dwyn ei syniadau o,' mae hi'n meddwl. 'Ond dw i isio gwybod pam mae'r cwmni'n colli arian.'

Mae Emrys wedi bod yn llwyddiannus iawn. Gwerthwr oedd o i ddechrau. Roedd o bob amser yn cyrraedd y targedau gwerthiant. Felly, mi gaeth o ei symud i'r tîm rheoli. Rŵan mae o'n gweithio ar brosiect mawr. Basai'r prosiect yn medru ennill arian mawr i'r cwmni. Cyn bo hir, byddan nhw'n medru datrys problemau ariannol y cwmni.

Mae Lowri'n penderfynu edrych ar ffeiliau Emrys. Mae hi'n medru clywed ei rheolwraig hi'n siarad y tu allan. 'Emrys, duda wrtha i,' medd Ms Owen. 'Dw i'n gwybod dy fod di'n gweithio ar y prosiect technoleg mawr yna sy'n **seiliedig ar** raglen y **rhwydwaith**. Mi wnaethon ni weithio ar y rhaglen yna efo'n gilydd, wrth gwrs. Mae gan y prosiect yma botensial, oes? Basen ni'n medru bod yn gyfoethog iawn efo'r prosiect yma.'

'Mae'n ddrwg iawn gen i Ms Owen,' medd Emrys. 'Ond fydd y prosiect ddim yn bosib. Mae o'n costio gormod o arian. Mae o'n **fuddsoddiad anferth**. A basai rhaglennu'r rhwydwaith yn **gymhleth** iawn. Does gynnon ni ddim technoleg fel yna.'

Pan mae hi'n gwrando, mae Lowri yn dŵad o hyd i ffeil y prosiect. Mae Emrys wedi gwneud llawer o **ymchwil**. Mae hi'n medru gweld hynny yn ei ddogfennau o. Ond mae Emrys yn anghywir, yn amlwg. Yn ôl y data a'r dogfennau, mae gan y prosiect lawer o botensial. Dydy'r dechnoleg ddim yn rhy gymhleth. Mae hi'n edrych ar y papurau eto. Mae Emrys yn deud **celwydd**. Basen nhw'n medru gwneud llawer o elw efo'r prosiect yma.

'Pam dydy Emrys ddim isio gwneud y prosiect yma?' mae hi'n meddwl. 'Mae o'n brosiect da iawn! Pam mae o'n deud celwydd?' Wedyn mae hi'n gweld rhywbeth. Ffeil arall. Yn y ffeil, mae 'na lythyr. Mae'r llythyr ar **bapur pennawd** cwmni arall!

Mae Lowri'n darllen y llythyr yn gyflym. Mae Emrys wedi gwerthu'r syniad i gwmni arall. Mae o'n mynd i adael ei swydd o i weithio iddyn nhw! 'Sut mae o'n medru gwneud hynny?' mae hi'n meddwl. 'Os wnawn ni ddim cael y prosiect yma, wna i ddim cael fy nghodiad cyflog i!'

Mae Lowri'n penderfynu bod rhaid gwneud rhywbeth am Emrys! Mae hi'n tynnu llythyr Emrys allan o ffeil y cwmni arall a ffeil y prosiect. Mae hi'n gadael y ddwy ffeil ar ddesg Ms Owen. 'Dyna ni,' medd Lowri. 'Bydd Ms Owen yn cael tipyn o sioc yn y bore. Ac Emrys hefyd – gobeithio bydd yr heddlu isio siarad efo fo!'

Mae Lowri'n gadael y rheolwyr yn eu cyfarfod nhw. Mae hi'n mynd yn hwyr. Mae hi'n penderfynu mynd adra i weld ei gŵr hi. Yn ddiweddar, maen nhw wedi bod yn **ffraeo** yn aml. A deud y gwir, mi gaethon nhw ffrae fawr y bore 'ma am ei gwaith hi. Mi fydd yn ddiddorol gweld ei gŵr hi pan mae hi'n anweledig. Ella bydd hi'n medru dysgu rhywbeth!

Mae Lowri'n gyrru adra. Mae hi'n mynd i mewn i'r tŷ yn ofalus. Pan mae hi'n mynd i mewn, mae hi'n clywed ei gŵr hi'n crïo. 'Be sy'n bod?' medd Lowri'n ddistaw. Wedyn, mae hi'n ei glywed o'n siarad.

Mae ei gŵr hi, Cai, yn siarad ar y ffôn. Mae o'n siarad efo'r heddlu! Wedyn, mae Lowri'n dallt. Mae hi wedi bod ar goll ers oriau. Mae Cai yn poeni'n ofnadwy amdani hi. Mae Cai yn ei charu hi'n fawr iawn. Mae hi'n edrych arno fo. Mae hi'n medru gweld ei fod o'n **dioddef**. Mae Lowri'n penderfynu wedyn. **Er gwaetha** problemau'r ddau, mae hi isio gwella eu perthynas nhw!

Mae Lowri isio **estyn** ei llaw at ei gŵr hi. Wedyn mae hi'n cofio – mae hi'n anweledig. Bydd gynno fo ofn. Am y tro cyntaf, mae Lowri'n dechrau **ystyried** ei **sefyllfa** hi. Mae bod yn anweledig yn hwyl, ar y cyfan. Mae 'na rai **manteision**. Ond, dydy hi ddim isio bod fel hyn am byth!

Ond sut fedrith hi fod yn **weladwy** eto? Yn sydyn, mae hi'n cael syniad. 'Wrth gwrs! Y bêl arian!' mae hi'n meddwl. Rhaid iddi hi afael yn y bêl eto. Ella bydd hi'n weladwy wedyn. Rhaid iddi hi fynd 'nôl i'r parc!

Mae Lowri'n mynd i'w char hi. Mae hi'n gyrru drwy strydoedd Wrecsam. Mae hi'n hwyr. Does dim llawer o geir ar y ffordd. Er hynny, mae Lowri'n gyrru drwy'r ardaloedd distaw. Basai pobl yn cael sioc tasen nhw'n gweld car yn symud o gwmpas, heb neb yn gyrru'r car!

O'r diwedd, mae Lowri'n cyrraedd y parc. Mae Mared a Raj yno o hyd. Ond, mae llawer o bobl eraill yno hefyd, **gan gynnwys** yr heddlu! 'Be sy'n digwydd?' medd Lowri.

Adolygu Pennod 2

Crynodeb

Mae Lowri'n anweledig o hyd. Mae hi'n mynd i'r swyddfa yn Wrecsam. Mae hi'n gwrando ar gyfarfod. Maen nhw'n deud bod elw'r cwmni'n isel. Mae aelod o staff o'r enw Emrys yn deud bod prosiect mawr ddim yn bosib. Mae Lowri'n edrych ar ffeiliau Emrys. Mae o'n deud celwydd. Mae o wedi gwerthu syniad y prosiect. Mae Lowri'n rhoi ffeiliau Emrys i Ms Owen, ei rheolwraig hi. Wedyn mae hi'n mynd i weld ei gŵr hi. Mae o'n poeni'n ofnadwy. Mae hi'n sylweddoli ei fod o'n ei charu hi. Mae hi isio cyffwrdd â'r bêl arian. Ella bydd hi'n weladwy wedyn. Mae hi'n gyrru i'r parc. Ond, mae 'na rywbeth rhyfedd yn digwydd yna.

Geirfa

camera (camerâu) diogelwch *eg* security camera

taliad (-au) bonws *eg* bonus payment

canran (-nau) *eb* percentage

elw *eg* profit

cwffio to fight (*S. form* **ymladd**)

codiad (-au) cyflog *eg* pay rise

gwerthfawr precious, valuable

gyrfa (-oedd) *eb* career

bechod shame, pity (*S. form* **trueni**)

rheolwr (rheolwyr) rhaglennu *eg* programming manager

seiliedig ar based on

rhwydwaith (rhwydweithiau) *eg* network

buddsoddiad (-au) *eg* investment

anferth huge, massive

cymhleth complicated

ymchwil *eg/b* research

celwydd (-au) *eg* lie, untruth

papur pennawd *eg* headed paper

ffraeo to argue (*S. form* **cweryla**)

dioddef to suffer

er gwaetha despite

estyn to reach (out), to extend

ystyried to consider

sefyllfa (-oedd) *eb* situation

mantais (manteision) *eb* advantage

gweladwy visible

gan gynnwys including

Cwestiynau Darllen a Deall

Dewiswch un ateb yn unig ar gyfer pob cwestiwn.

6) Mae Lowri'n cerdded _____.

    a. i lawr Ffordd yr Wyddgrug

    b. mewn parc wrth ymyl Wrecsam

    c. mewn siop yn Wrecsam

    ch. y tu allan i Wrecsam

7) Mae Lowri anweledig yn penderfynu mynd _____.

    a. adra

    b. i'r swyddfa

    c. i dref fach

    ch. i Ffordd yr Wyddgrug

8) Mae Emrys, rheolwr yn swyddfa Lowri _____.

    a. isio prynu'r cwmni

    b. isio bod yn gariad i Lowri

    c. yn deud celwydd am brosiect

    ch. yn meddwl bod staff y cwmni isio mwy o bres

9) Beth wnaeth Lowri benderfynu am ei gŵr hi?
   a. Dydy hi ddim yn ei garu o.
   b. Dydy o ddim yn ei charu hi.
   c. Mae hi isio gwella eu perthynas nhw.
   ch. Mae hi isio gadael ei gŵr hi.

10) Mae Lowri'n meddwl bydd hi'n medru bod yn
    weladwy eto _____.
    a. os gwnaiff hi gyffwrdd â'r bêl eto
    b. os gwnaiff hi dorri'r bêl
    c. os gwnaiff hi symud y bêl yn bell i ffwrdd
    ch. os gwnaiff hi siarad efo Emrys

Pennod 3 – Y Bêl

Mae Lowri 'nôl yn y parc. Mae **torf** o bobl yno. Mae'r heddlu yno hefyd. 'Be mae pawb yn wneud yma?' mae Lowri'n meddwl. Wedyn mae hi'n **sylweddoli**. Maen nhw yna achos eu bod nhw'n poeni amdani hi!

Mae Mared a Raj yn y dorf. Maen nhw'n siarad wrth ymyl bwrdd. Mae Lowri'n cerdded atyn nhw. Pan mae hi'n cerdded, mae Lowri'n edrych o gwmpas. Mae pawb yno – ffrindiau Lowri, ei pherthnasau hi, yr heddlu a **gwirfoddolwyr** o Wrecsam. Mae hyd yn oed Cai wedi cyrraedd!

'Meddylia, Mared,' medd Raj yn drist. 'Lle basai Lowri'n medru bod? Dw i ddim yn dallt. Roedden ni yma efo hi!'

'Does gen i ddim syniad,' medd Mared. 'Mi ddaw hi 'nôl. Mae hyn mor rhyfedd ...'

'Ydy. Un munud, mae hi'n siarad ar ei ffôn hi fan hyn, a'r munud nesa mae hi wedi mynd!'

'Dw i'n gwybod,' medd Mared. 'Dw i'n poeni'n ofnadwy ...'

Mae Lowri'n gwrando. Mae hi'n teimlo'n ofnadwy. Dydy hi ddim isio brifo ei ffrindiau hi na'i gŵr hi. Dydy hi ddim isio gwastraffu amser pobl. Mae hi isio dŵad o hyd i'r bêl arian – dyna'i gyd. Mae hi wedi **cael llond bol** ar fod yn anweledig!

Mae hi'n clywed Raj eto. 'Hei, Mared. Wyt ti'n cofio'r bêl arian 'na? Draw wrth y coed?'

'Ydw, dw i'n cofio.'

'Wel, mae gen i syniad.'

Mae Mared yn edrych arno fo. 'Syniad?'

'Ia,' medd Raj wedyn. 'Be os ydy hi'n fwy na hynny? Be os ydy hi wedi gwneud rhywbeth i Lowri?'

Mae Mared yn edrych ar Raj o hyd. Mae hi wedi drysu ychydig bach. Ond dydy Lowri ddim wedi drysu. Mae hi'n poeni. Dydy hi ddim isio i bawb wybod be sy wedi digwydd. Mae hi isio gafael yn y bêl a bod yn weladwy eto. Dydy hi ddim isio esbonio!

Mae Raj yn edrych ar Mared yn ofalus. 'Ella bod y bêl yn arbennig. Ella ei bod hi wedi gwneud Lowri'n sâl. Neu ella bod y bêl wedi mynd â Lowri i rywle! Dwyt ti byth yn gwybod ...'

Mae Mared yn **ysgwyd** ei phen. 'Ti a dy syniadau di, Raj ...' Wedyn mae hi'n **oedi**. 'Does dim esboniad arall. Ella ...' mae hi'n meddwl.

'Meddylia am y peth. Mi wnaeth Lowri **ddiflannu** wrth ymyl y bêl,' medd Raj wedyn. Maen nhw'n edrych ar ei gilydd. Wedyn mae Raj yn deud, 'Tyrd! Mi awn ni i weld.'

Mae'r ddau ffrind yn dechrau cerdded draw at y coed. 'O na!' mae Lowri'n meddwl. 'Be os byddan nhw'n mynd â'r bêl? Neu'n rhoi'r bêl i'r heddlu?' Mae Lowri'n rhedeg o flaen ei ffrindiau hi. Mae'n rhaid iddi hi ddŵad o hyd i'r bêl cyn ei ffrindiau hi!

Lowri sy'n cyrraedd y coed gyntaf. Dydy'r bêl ddim yna! 'Lle mae hi?' mae hi'n meddwl. 'Mae'n rhaid ei bod hi yma'n rhywle! Wnaeth hi ddim hedfan i ffwrdd!' Mae hi'n chwilio ac yn chwilio.

Mae Raj a Mared yn dŵad yn agosach. 'Mae'n rhaid ei bod hi fan hyn yn rhywle. Mi wnes i ei thaflu hi draw fanna,' medd Raj, a phwyntio at y coed.

'Dyna ni!' mae Lowri'n meddwl. 'Mae rhywun wedi ei symud hi! Be os ydyn nhw wedi colli'r bêl? Rhaid i mi gael y bêl!' Mae Lowri'n rhedeg i'r cyfeiriad mae Raj yn pwyntio ato fo. Mae Raj a Mared yn cerdded i'r cyfeiriad yna hefyd. Yn sydyn, mae Raj yn sefyll yn llonydd. Mae'r bêl arian yn ei law o!

Mae Lowri'n edrych yn ofalus ar y bêl. Does dim golau yn y bêl rŵan. Dydy hi ddim yn gwybod be mae hynny'n feddwl. Rhaid iddi hi drio gafael yn y bêl eto. Mae hi'n gwybod bydd y bêl yn medru ei gwneud hi'n weladwy eto.

'Hei Mared! Dw i wedi dŵad o hyd iddi hi!' medd Raj.

Mae Mared yn rhedeg ato fo. 'Waw! Be ydy hi?' mae hi'n gofyn.

'Does gen i ddim syniad,' medd Raj. 'Mae hi'n **grwn** ac yn arian. Ond dw i ddim yn gwybod be mae hi'n neud.'

'Wyt ti wir yn meddwl bod y bêl wedi gwneud rhywbeth i Lowri?'

'Ella ddim. Dydy'r peth ddim yn gwneud synnwyr. Dim ond pêl arian ydy hi. Roedd o'n syniad gwirion ...' Mae Raj yn taflu'r bêl i mewn i'r coed. Mae Lowri'n gwylio'r bêl yn ofalus.

'Tyrd,' medd Mared. Maen nhw'n cerdded i ffwrdd. 'Tyrd i siarad efo'r heddlu. Ella dylen ni ffonio'r ysbytai neu ...'

Mae Lowri'n aros iddyn nhw fynd. Mae hi isio gafael yn y bêl. Ond dydy hi ddim isio brifo'i ffrindiau hi. Tasai hi'n **ymddangos** yn sydyn, ella basen nhw'n cael ofn!

O'r diwedd, mae Raj a Mared wedi mynd. Mae Lowri'n mynd at y coed. Mae hi'n codi'r bêl arian ac yn gafael ynddi hi. I ddechrau, does dim byd yn digwydd. Wedyn, mae'r bêl ryfedd yn dechrau **goleuo**. Mae Lowri'n dechrau **crynu**. Mae'r bêl wedi goleuo'n llwyr rŵan. 'O'r diwedd, mae rhywbeth yn digwydd,' mae hi'n meddwl.

Yn sydyn, mae hi'n stopio crynu. Mae golau yn y bêl arian o hyd. 'Dyna'r diwedd? Ydy hynny wedi gweithio?' mae Lowri'n **pendroni**. Cyn bo hir, mi gaiff hi'r ateb. 'Lowri! Lowri!' mae lleisiau'n gweiddi. 'Ti sy 'na?' Mared a Raj sy'n gweiddi. Maen nhw'n medru gweld Lowri! Mae hi'n weladwy!

Mae ffrindiau Lowri'n rhedeg ati hi. Mae'r golau yn ei llaw hi. 'O-o,' medd Lowri. Mae hi'n **gollwng** y bêl yn gyflym. Mae'r bêl yn rowlio i mewn i'r coed. Cyn bo hir, dydy Lowri ddim yn medru gweld y bêl o gwbl.

'Lowri, lle wyt ti wedi bod?' medd Raj. Mae Lowri'n troi. Wedyn mae Mared yn deud, 'A be oedd y golau yna? Roedd o mor **llachar**! Dyna sut welon ni ti!'

Dydy Lowri ddim yn gwybod be i ddeud. Basai deud y gwir yn gwneud pethau'n anodd iawn. Fasai neb yn credu ei stori hi. Dynes anweledig? Wir?

Yn sydyn, mae Lowri'n clywed llais arall yn y dorf. Cai ydy o! Mae o'n rhedeg draw at Lowri. Mae o'n **cofleidio** Lowri ac yn rhoi sws iddi hi. Wedyn, mae o'n edrych arni hi ac yn deud, 'Lle oeddet ti? Ro'n i'n poeni'n ofnadwy amdanat ti!'

Mae Lowri'n syn. 'Ro'n i ... yn ... yn ...'

Mae 'na fwy o leisiau'n galw arni hi. Ei rheolwraig hi a staff y swyddfa sy 'na. Dydy Lowri ddim yn medru credu faint o **gefnogaeth** sy gynni hi. Mae cymaint o bobl wedi dŵad i chwilio amdani hi!

Mae pawb yn sefyll o gwmpas Lowri. Maen nhw i gyd yn siarad yr un pryd. 'Roedden ni'n poeni cymaint amdanat ti!' medd Cai eto.

'Lle est ti?' medd Raj.

'Wnei di ddim credu be ddigwyddodd yn y swyddfa!' medd Ms Owen.

Mae Lowri'n codi ei braich hi. 'Plîs ... plîs ... wnewch chi roi munud i mi?' Mae'r dorf yn ddistaw. Mae Lowri'n edrych o gwmpas. 'Yn gyntaf, gadewch i mi ddeud diolch. Diolch yn fawr am eich holl help chi. Dw i'n **gwerthfawrogi** eich cefnogaeth chi.' Wedyn, mae hi'n mynd ymlaen, 'Dw i'n siŵr eich bod chi'n pendroni lle o'n i. Wel, a deud y gwir ...' mae Lowri'n stopio. Ddylai hi ddeud y gwir wrthyn nhw? Fasen nhw'n credu'r gwir? Fasen nhw'n meddwl ei bod hi'n **wallgo**?'

Mae Lowri'n dechrau eto. 'A deud y gwir ... mi es i ar goll,' medd. 'Ro'n i'n siarad ar fy ffôn i,' medd wedyn.

'Do'n i ddim yn edrych lle ro'n i'n mynd. Yn sydyn, do'n i ddim yn medru ffeindio fy ffordd 'nôl.' Mae hi'n gwenu ac yn deud, 'Diolch eto, a nos da.'

Mae Lowri a Cai'n cerdded at ei char hi. Mae hi'n barod i fynd adra. Maen nhw'n cerdded heibio Raj a Mared.

'Ond be am dy gar di?' medd Raj. 'Roedd o wedi mynd! Mi welon ni o!'

'A be am y golau 'na?' medd Mared. 'Be oedd hwnna? Hefyd, mi welon ni rywbeth yn y coed. Pêl arian oedd hi a ...'

Mae Lowri'n cerdded yn gyflymach. Ella bydd rhaid iddi hi esbonio pethau wedyn, ond ddim rŵan. Roedd bod yn ddynes anweledig yn brofiad anhygoel! Mi ddysgodd hi bod gynni hi ffrindiau caredig, rheolwraig arbennig a gŵr hyfryd. Mi ddysgodd hi rywbeth pwysig iawn hefyd; **does dim byd o'i le** efo bywyd cyffredin!

Adolygu Pennod 3

Crynodeb

Mae Lowri'n mynd 'nôl i'r parc. Mae llawer o bobl yn chwilio amdani hi yno. Mae Raj a Mared yn meddwl bod y bêl ryfedd wedi gwneud rhywbeth i Lowri. Maen nhw'n dŵad o hyd i'r bêl ond yn ei gadael hi yno. Mae Lowri'n ffeindio'r bêl ac yn ei chodi hi. Mae hi'n weladwy eto. Mae pawb yn hapus pan maen nhw'n gweld Lowri. Ond mae gynnyn nhw lawer o gwestiynau. Bydd Lowri'n ateb y cwestiynau wedyn. Yn gyntaf, mae hi isio mwynhau byw bywyd cyffredin eto.

Geirfa

torf (-eydd) *eb* crowd
sylweddoli to realise
gwirfoddolwr (gwirfoddolwyr) *eg* volunteer
cael llond bol to be fed up (*S. form* **cael llond bola**)
ysgwyd to shake (*S. form* **siglo**)
oedi to pause, to delay
diflannu to disappear, to vanish
crwn round (in shape)
ymddangos to appear
goleuo to light up
crynu to shake
pendroni to ponder, to think about
gollwng to drop
llachar bright, dazzling
cofleidio to embrace
cefnogaeth *eb* support
gwerthfawrogi to appreciate
gwallgo mad, crazy
does dim byd o'i le there's nothing wrong

Cwestiynau Darllen a Deall

Dewiswch un ateb yn unig ar gyfer pob cwestiwn.

11) Pwy mae Lowri'n eu clywed gyntaf yn y parc?

    a. ei rheolwraig hi a'i gŵr hi

    b. ei rheolwraig hi a Raj

    c. ei gŵr hi a Mared

    ch. Raj a Mared

12) I ddechrau, mae ei ffrindiau hi isio _____.

    a. mynd adra

    b. dŵad o hyd i'r bêl ryfedd eto

    c. ffonio'r heddlu

    ch. ffonio Cai

13) Mae Lowri isio _____.

    a. taflu'r bêl i ffwrdd

    b. ffeindio'r bêl cyn ei ffrindiau hi

    c. cuddio yn y coed

    ch. gwrando ar yr heddlu'n siarad

14) Mae Lowri'n codi'r bêl eto _____.

    a. ac mae hi'n ysgwyd ac wedyn mae hi'n weladwy

    b. ac yn aros yn anweledig

    c. ac yn cael ofn

    ch. a does dim byd yn digwydd

15) Pan mae hi'n siarad efo grŵp o ffrindiau a theulu, mae Lowri'n penderfynu _____.

    a. deud y gwir

    b. deud y gwir yfory

    c. peidio deud y gwir rŵan

    ch. deud dim

Rhyfel y Planedau

Pennod 1 – Y Capsiwl

Mi ddechreuodd y broblem ganrifoedd yn ôl. Roedd **amgylchedd** y Ddaear yn ofnadwy. Roedd pobl isio mwy o le. Roedden nhw isio **rhyddid**. Felly, mi wnaeth **bodau dynol** ddechrau symud i blanedau eraill. Mi ddechreuon nhw **wladychu** bydoedd eraill, un ar ôl y llall.

Roedd **heddwch** a llwyddiant ar y dechrau. Doedd y bydoedd gwahanol ddim ar wahân. Roedden nhw'n dibynnu ar ei gilydd.

Wedyn, mi newidiodd pethau. Roedd y boblogaeth yn tyfu'n gyflym. Roedd y planedau isio mwy o fwyd. Roedd angen mwy o **gyflenwadau** arnyn nhw. Doedd y planedau ddim isio rhannu cyflenwadau efo planedau eraill. Wedyn, mi ddechreuodd y trafferthion.

Mi ddechreuodd **rhyfeloedd** ym mhob man. Roedd **gwleidyddiaeth** a **pherthnasoedd** yn newid. Roedd pob planed yn ymladd dros **dir**, pŵer ac **arfau**. Yn y diwedd, dim ond dwy **ymerodraeth** fawr oedd ar ôl: y 'Daearwyr' a'r 'Kalkiaid'. Ac roedd y ddwy ymerodraeth isio popeth.

Roedd **llywodraeth** y Daearwyr ar y Ddaear. Eu prifddinas nhw oedd Paris, Ffrainc. Roedd swyddogion **gwleidyddol** yn cyfarfod yn y **pencadlys**. Yno, roedden nhw'n trafod pethau fel y **gyfraith**, yr economi a'r rhyfel.

Hen ddyn o'r enw Urien oedd **Ymerawdwr** y Daearwyr. Mi gafodd o ei **ethol** i'r swydd amser maith yn ôl. Doedd yr etholiad ddim yn deg, ond doedd dim ots gan Urien. Roedd o wedi arwain llawer o ryfeloedd, a dim ond colli ychydig ohonyn nhw. Basai o'n gwneud unrhyw beth i ennill.

Un diwrnod, roedd Urien yn siarad efo'i weinidogion yn y pencadlys. 'Rhaid i ni stopio'r ymladd,' meddai fo. 'Does gynnon ni ddim digon o **bres** i ryfela rŵan. Mae ein pobl ni'n llwgu. Rhaid i ni adeiladu ffyrdd newydd. Mae llawer o Ddaearwyr angen cartrefi, golau a bwyd.'

Siaradodd dyn o'r enw Gwyddno. Fo oedd gweinidog pwysicaf Urien. 'Ond Syr,' meddai fo, 'Mae'r Kalkiaid yn **ymosod** arnon ni o hyd. Fedrwn ni ddim eistedd fan hyn a gwneud dim. Rhaid i'r blaned yma gael **lluoedd arfog** cryf. Rhaid i ni **amddiffyn** ein hunain.'

'Dw i'n cytuno, ond mi fedrwn ni wneud rhywbeth arall. Mae gen i rywbeth sy ...'

Yn sydyn, roedd llawer o sŵn y tu allan i'r ystafell. Mi agorodd un o'r drysau. Mi ddaeth swyddog diogelwch i mewn. Roedd o'n dal **dynes**. Roedd hi'n ymladd ac yn gweiddi, 'Gadewch fi'n rhydd! Mae gen i newyddion i'r Ymerawdwr! Gadewch fi'n rhydd!'

Mi edrychodd yr Ymerawdwr ar y drws. 'Be sy'n digwydd?' gwaeddodd o. 'Dw i mewn cyfarfod!'

'Mae'n ddrwg gen i, Syr,' meddai'r swyddog. 'Mae'r ddynes yma isio siarad efo chi. Mae hi'n deud ei fod o'n bwysig.'

'Iawn. Siarada. Be sy'n bod?'

Roedd y ddynes yn nerfus iawn wedyn. Doedd hi ddim wedi siarad efo'r Ymerawdwr o'r blaen. Mi ddechreuodd hi siarad yn araf. 'Ym ... **Anrhydeddus** Ymerawdwr, mae'n ddrwg gen i am fy **ymddygiad**. Ond mae gen i newyddion.'

'Pa fath o newyddion?' gofynnodd yr Ymerawdwr. Wedyn, mi ychwanegodd o, 'Brysia! Mae hwn yn gyfarfod pwysig!'

'Mae capsiwl wedi glanio ar fy fferm i, Ymerawdwr.'

'Be?'

'Capsiwl gofod. Dw i'n meddwl mai capsiwl gofod y Kalkiaid ydy o, Ymerawdwr.'

'Sut wyt ti'n gwybod ei fod o'n gapsiwl gofod gan y Kalkiaid?'

'Fy ngŵr i. Mi wnaeth o ymladd yn erbyn y Kalkiaid. Mi wnaeth o ddisgrifio'u capsiwlau nhw.'

Roedd y gweinidogion a'r Ymerawdwr yn ddistaw. Yn y diwedd, mi ofynnodd Gwyddno, '**Ymosodiad** arall? Ydyn nhw'n ymosod ar y brifddinas?'

'Nac ydyn, na ...' meddai'r ddynes. 'Does 'na ddim arfau yn y capsiwl. Ond mae 'na rywbeth ynddo fo.'

'Ynddo fo?' meddai'r Ymerawdwr. Mi edrychodd o o gwmpas yr ystafell. 'Be sy ynddo fo?'

'Dw i ddim yn gwybod,' atebodd y ddynes. 'Ro'n i'n rhy nerfus i edrych.'

Mi alwodd yr Ymerawdwr ar ei **warchodwyr**. Mi ddudodd o wrthyn nhw am fynd i'r fferm – yn gyflym! Mi aeth y gwarchodwyr i mewn i **gerbyd**. Mi aeth Gwyddno efo nhw.

Ar y ffordd, mi siaradodd Gwyddno efo'r ddynes. 'Be ydy dy enw di?' gofynnodd.

'Fy enw i ydy Anest.'

'Anest – dyna enw hyfryd. Wyt ti'n ffermio?'

'Ydw. Dim ond y fferm sy ar ôl rŵan. Dw i wedi colli popeth arall.'

'Wyt ti'n byw efo dy ŵr di?'

'Mi wnaeth o farw yn y rhyfel.'

Roedd Gwyddno'n teimlo'n **anghyfforddus** wedyn. Mi newidiodd o'r pwnc. 'Sut mae'r capsiwl yn edrych?'

Mi edrychodd Anest arno fo'n ofalus. 'Mi hoffwn i chi weld y capsiwl efo'ch llygaid eich hun,' meddai hi. Wedyn, mi wnaeth hi droi i ffwrdd.

'Iawn, ta,' meddai Gwyddno'n syn. Roedden nhw'n **ddistaw** am weddill y daith.

Mi gyrhaeddodd y cerbyd fferm Anest. Mi aeth Gwyddno ac Anest allan. Mi aethon nhw at y capsiwl. Mi arhosodd y gwarchodwyr yn y cerbyd.

Roedd 'na farciau dros y cae i gyd. Roedd y capsiwl ar ei ochr o. Roedd o ar agor.

'Anest, mi ddudaist ti dy fod ti ddim wedi edrych yn y capsiwl,' meddai Gwyddno.

'Mae'n ddrwg gen i. Wnes i ddim deud y gwir. Do'n i ddim isio deud unrhyw beth. Ddim tan i rywun arall weld ...'

'Gweld be?'

'Edrychwch.'

Mi aeth Gwyddno at y capsiwl yn araf bach. I ddechrau, welodd o ddim byd. Wedyn, mi welodd o rywbeth. Yn y capsiwl, roedd **hogan** fach.

'Plentyn sy 'na! Plentyn!' gwaeddodd o. Mi edrychodd o ar Anest yn syn.

'Ia. Dyna pam wnes i ddim cyffwrdd â'r capsiwl na deud dim. Do'n i ddim yn gwybod be i wneud. Ro'n i isio ffonio doctor, ond ...'

'Iawn!' meddyliodd Gwyddno. 'Mae'r hogan yn **anymwybodol**. Ella bod rhaid iddi hi gael triniaeth. Rhaid i ni gael help!' Mi redodd Gwyddno at y cerbyd. Mi ddudodd o wrth y gwarchodwyr am ffonio doctor. Wedyn, yn ofalus iawn, mi wnaeth o godi'r hogan fach. Mi aeth o â hi i dŷ Anest. Mi wnaeth o roi'r hogan fach ar wely.

Hanner awr yn ddiweddarach, roedd yr hogan yn anymwybodol o hyd. Mi adawodd Gwyddno'r stafell. Mi aeth Anest efo fo. 'Felly, duda wrtha i,' meddai Gwyddno. 'Wyt ti'n gwybod unrhyw beth arall am y capsiwl yma?'

'Nac ydw ... ond un y Kalkiaid ydy o, ia?' gofynnodd Anest yn araf.

'Ia.'

'A'r hogan?' gofynnodd Anest.

'Mae hi'n un o'r Kalkiaid hefyd.'

'Ond be mae hi'n neud yma? Pam maen nhw wedi anfon hogan fach aton ni?'

'Dw i ddim yn gwybod,' atebodd Gwyddno. 'Pan fydd hi'n medru siarad, ella gwnaiff hi ddeud wrthon ni.'

'Ydy hi wedi teithio drwy'r gofod?'

'Dw i'n meddwl. Mae'n siŵr bod y capsiwl mewn **llong ofod** fawr i ddechrau. Mi wnaethon nhw ei rhoi hi yn y capsiwl a **gollwng** y capsiwl yn agos i'r Ddaear. Wedyn, mi wnaeth y capsiwl lanio fan hyn.'

O'r diwedd, mi wnaethon nhw glywed cerbyd yn dod. Mi ddaeth y doctoriaid i mewn. Roedden nhw isio gweld yr hogan yn syth. Mi arhosodd Gwyddno ac Anest allan o'r ffordd.

Roedd hi'n hwyr. Roedd Gwyddno isio bwyd. Mi ofynnodd Anest i Gwyddno aros i gael bwyd efo hi.

'Oes gen ti blant, Anest?' gofynnodd Gwyddno wrth iddo fo fwyta.

'Nac oes. Ro'n i a fy ngŵr i isio plant. Ond mi ddaeth y rhyfel a ...'

'Mae'n ddrwg gen i.'

'Mae'n iawn,' meddai hi, a gwenu'n drist.

Wrth iddo fo fwyta, mi edrychodd Gwyddno o gwmpas. Roedd o'n dŷ braf. Roedd o'n lân ac yn syml. Tŷ dynes yn byw ar ei phen ei hun oedd o.

Wedyn, mi wnaeth Gwyddno sylwi bod Anest yn edrych arno fo. 'Wyt ti isio gofyn rhywbeth i mi, Anest?' gofynnodd o.

'Ydw.'

'Wel, gofynna.'

'Be wnewch chi efo'r hogan fach?'

Wnaeth Gwyddno ddim ateb yn syth. Wedyn, mi ddudodd o'r gwir. 'Dw i ddim yn gwybod. Dw i ddim hyd yn oed yn gwybod pam mae hi yma.'

Yn sydyn, mi redodd un o'r doctoriaid i'r gegin. 'Mae'r hogan fach wedi **deffro**! Mae hi'n medru siarad!'

Adolygu Pennod 1

Crynodeb

Mae 'na ryfel rhwng dwy ymerodraeth: y Daearwyr a'r Kalkiaid. Mae Ymerawdwr y Daearwyr yn cyfarfod efo'i weinidogion o. Yn sydyn, mae 'na ddynes yn cyrraedd. Mae hi'n deud bod capsiwl ar ei fferm hi. Capsiwl y Kalkiaid ydy o. Gwyddno ydy Gweinidog pwysica'r Ymerawdwr. Mae o'n mynd i'r fferm. Yn y capsiwl, mae Gwyddno yn dod o hyd i hogan fach. I ddechrau, mae'r hogan yn anymwybodol. Wedyn mae hi'n deffro.

Geirfa

amgylchedd (-au) *eg* environment

rhyddid *eg* freedom

bod (-au) dynol *eg* human being

gwladychu to colonise

heddwch *eg* peace

cyflenwad (-au) *eg* supply

rhyfel (-oedd) *eg* war

gwleidyddiaeth *eb* politics

perthynas (perthnasoedd) *eb* relationship

tir (-oedd) *eg* land, terrain

arf (-au) *eg* weapon

ymerodraeth (-au) *eb* empire

llywodraeth (-au) *eb* government

gwleidyddol political

pencadlys (-oedd) *eg* headquarters

cyfraith (cyfreithiau) *eb* law

ymerawdwr (ymerawdwyr) *eg* emperor

ethol to elect

pres *eg* money (*S. form* **arian** *eg*)

ymosod (ar) to attack

llu (-oedd) arfog *eg* armed force

amddiffyn to defend, to protect

dynes (menywod) *eb* female, woman (*S. form* **menyw** *eb*)

anrhydeddus honourable

ymddygiad (-au) *eg* behaviour

ymosodiad (-au) *eg* attack

gwarchodwr (gwarchodwyr) *eg* minder, bodyguard

cerbyd (-au) *eg* vehicle

anghyfforddus uncomfortable, uneasy

distaw quiet (*S. form* **tawel**)

hogan (genethod) *eb* girl (*S. form* **merch** *eb*)

anymwybodol unconscious

llong ofod (llongau gofod) *eb* spaceship

gollwng to drop

deffro to wake up (*S. form* **dihuno**)

Cwestiynau Darllen a Deall

Dewiswch un ateb yn unig ar gyfer pob cwestiwn.

1) Mae rhyfel rhwng _____.
   - a. Gwyddno ac Urien, yr Ymerawdwr
   - b. y Daearwyr a gŵr Anest
   - c. y Daearwyr a'r Kalkiaid
   - ch. Anest ac Urien

2) Mae'r Ymerawdwr mewn cyfarfod efo _____.
   - a. Gwyddno a'r Kalkiaid
   - b. ei weinidogion o
   - c. Anest a'i gŵr hi
   - ch. yr hogan fach a Gwyddno

3) Mae'r ddynes, Anest, yn deud wrth yr Ymerawdwr fod
   _____.

   a. hogan fach yn ei thŷ hi
   b. capsiwl yn ei fferm hi
   c. ei gŵr hi wedi marw yn y rhyfel
   ch. rhaid i Gwyddno ddŵad i'r fferm

4) I ddechrau, mae'r hogan fach _____.
   a. yn deud wrth Gwyddno am ei byd hi
   b. yn deud dim byd achos ei bod hi'n swil
   c. yn crïo
   ch. yn methu siarad achos ei bod hi'n anymwybodol

5) Mae Anest yn cynnig _____ i Gwyddno.
   a. diod oer
   b. coffi
   c. lle i orffwys
   ch. rhywbeth i fwyta

Pennod 2 – Yr Hogan Fach

Roedd yr hogan fach o gapsiwl y Kalkiaid yn **ymwybodol**! Roedd angen i rywun siarad efo hi. Roedd Gwyddno'n un o weinidogion yr Ymerawdwr. Fo oedd y person i siarad efo hi. Mi gerddodd o i mewn i'r ystafell wely. Mi aeth Anest efo fo. Mi eisteddon nhw yno.

Roedd yr hogan fach yn edrych yn **gysglyd**. O'r diwedd, mi ofynnodd hi'n araf, 'Lle ydw i?' Mi edrychodd Gwyddno ac Anest ar ei gilydd yn syn. Roedd hi'n medru siarad Cymraeg!

Mi edrychodd yr hogan o gwmpas. Mi welodd hi'r gwarchodwyr. Yn sydyn, roedd gynni hi ofn. Mi wnaeth y doctor roi **cyffur** iddi hi ac roedd hi'n teimlo'n well wedyn. Mi aeth hi i gysgu eto.

Awr yn ddiweddarach, mi agorodd yr hogan fach ei llygaid hi. 'Lle ydw i?' gofynnodd hi eto. Wedyn mi wnaeth hi edrych ar Gwyddno a gofyn, 'Pwy dach chi?' Roedd ei Chymraeg hi'n swnio'n eitha da.

'Helô,' meddai Gwyddno. 'Fy enw i ydy Gwyddno. Dyma Anest. Daearwyr dan ni. Plîs, paid â phoeni.' Roedd o'n ddistaw am funud, wedyn mi ofynnodd o, 'Sut wyt ti'n teimlo?'

'Dw i'n iawn,' atebodd hi'n ofalus. Doedd hi ddim isio deud gormod wrtho fo.

'Dan ni ddim isio dy **frifo** di,' esboniodd Gwyddno.

Roedd yr hogan fach yn teimlo'n ofnus o hyd. Wnaeth hi ddim ateb.

Penderfynodd Anest siarad efo hi. 'Su' mae?' gofynnodd yn araf. 'Be ydy dy enw di?'

'Fy enw i ydy Maha,' atebodd yr hogan.

'Mae popeth yn iawn, Maha. Fy enw i ydy Anest, a dyma Gwyddno. Rwyt ti yn fy nhŷ i. Mi gest ti dy frifo. Dan ni wedi bod yn edrych ar dy ôl di.'

'Ydw i yn y brifddinas?' gofynnodd yr hogan. Mi edrychodd hi drwy'r ffenest. Roedd hi'n hwyr. Doedd hi ddim yn medru gweld llawer drwy'r gwydr. Dim ond ychydig o goed a chaeau. 'Dydy **fama** ddim yn edrych fel dinas,' meddai hi'n syn.

'Rwyt ti'n agos i'r brifddinas. Dwyt ti ddim yng nghanol y ddinas,' esboniodd Gwyddno. 'Mae'r Ymerawdwr yn bell o fan hyn.'

Pan glywodd yr hogan y gair 'Ymerawdwr', mi gaeth hi ofn eto. 'Dw i ddim isio mynd adra! Dw i'n 13 rŵan. Mi fedra i benderfynu be dw i isio neud!' gwaeddodd hi.

Mi gaeth Gwyddno sioc. Pam doedd yr hogan ddim isio mynd adra? Pam ddudodd hi hynny? Roedd rhywbeth rhyfedd yn digwydd.

'Pam dwyt ti ddim isio mynd adra?' gofynnodd o.

'Dw i ddim yn licio Kalkia.'

'Dwyt ti ddim yn licio Kalkia?' gofynnodd Gwyddno'n syn. 'Be wyt ti'n feddwl?'

'Dw i ddim isio byw yno rŵan.'

'Pam rwyt ti'n deud hynny?'

'Wel yn gynta, achos bod fy nheulu i byth adra.'

'Ia, ac?'

'Maen nhw'n fy **anwybyddu** i. Dydyn nhw ddim yn treulio llawer o amser efo fi. Does gynnyn nhw ddim ots amdana i.'

'Felly mae dy deulu di'n dy anwybyddu di?' meddai Gwyddno.

'Ydyn ... ers amser hir rŵan.'

'Mi ddest ti i fama achos dy fod ti'n unig?' gofynnodd Anest.

'Do. Mae fy nhad i'n gweithio o hyd. Mae Mam yn teithio o hyd. Dw i'n aros adra efo gofalwyr. Mae fy nhad i'n talu'r gofalwyr i edrych ar fy ôl i. Dw i ddim yn licio bod efo nhw.'

Roedd Gwyddno'n dechrau **dallt**. Roedd yr hogan wedi rhedeg i ffwrdd!

'Aros funud, Maha. Wyt ti wedi **gadael cartref**? Wyt ti wedi rhedeg i ffwrdd?'

Mi edrychodd y ferch i lawr. 'Ydw,' atebodd hi.

Mi safodd Gwyddno ar ei draed. Mi edrychodd o i lawr ar yr hogan. 'Esgusodwch fi. Rhaid i mi fynd allan.'

Mi aeth Gwyddno allan o'r tŷ. Mi wnaeth Anest ei ddilyn o. Mi safodd o yno, yn edrych ar fferm hyfryd Anest. Roedd o'n meddwl. Roedd o'n edrych fel tasai o'n poeni am rywbeth.

'Am be rwyt ti'n meddwl, Gwyddno?' gofynnodd Anest.

'**Mae rhywbeth o'i le**.'

'Beth wyt ti'n feddwl?'

'Mae'r hogan wedi rhedeg i ffwrdd. Ond dydy hi ddim yn medru hedfan llong ofod. Dim ond 13 ydy hi.'

'Dw i'n dallt. Mi wnaeth rhywun ei helpu hi.'

'Do. Ond pwy?'

'Mi wnawn ni ofyn iddi hi.'

Mi gerddodd Gwyddno ac Anest i'r tŷ, ac i mewn i'r ystafell wely.

'Helô,' meddai Maha.

'Helô eto,' meddai Gwyddno, a gwenu arni hi.

Mi edrychodd Maha i fyw llygaid Gwyddno. 'Dw i ddim yn mynd adra. Dw i isio aros fama,' meddai hi'**n bendant**.

'Pam wyt ti isio aros fama?'

'Fel dudais i, dw i ddim yn licio fy ngofalwyr i.'

'Dw i ddim yn dy gredu di,' meddai Gwyddno'n **bwyllog**.

'Dyna'r gwir.'

'Iawn. Ond mae 'na fwy na hynny, oes?'

Mi **ochneidiodd** hi. 'Oes, mae 'na fwy na hynny.'

'Ro'n i'n meddwl. Be sy wedi digwydd?'

'Dan ni'n colli'r rhyfel. Does dim digon o fwyd i bawb. Mae llawer o bobl yn ddigartref. Fedrwn ni ddim **goroesi**'n llawer hirach. Mae gen i ofn.'

Mi eisteddodd Gwyddno wrth ymyl Maha. Mi edrychodd o arni hi'n ofalus. 'Mi fedri di aros fan hyn am rŵan,' esboniodd o. 'Ond rhaid i ti ddallt. Mae rhyfel rhwng ein planedau ni.'

'Dw i'n dallt hynny,' atebodd hi'n gyflym. '13 oed dw i, dim 6!'

Mi chwarddodd Gwyddno. 'Felly rwyt ti'n dallt. Mae fama'n beryglus i ti,' meddai fo. 'Ella bydd pethau mawr yn digwydd achos hyn – pethau sy'n mynd i **effeithio ar** y blaned yma a phlanedau eraill.'

'Dw i'n gwybod,' meddai Maha, ac edrych i lawr. 'Ond dydyn nhw ddim yn gwybod lle dw i!' meddai hi'n gyflym. 'Mi fedra i aros am ddiwrnod neu ddau. Wedyn, mi fedra i fynd i rywle arall.'

Mi edrychodd Gwyddno arni hi. Roedd rhaid iddo fo drio dallt sut roedd yr hogan wedi cyrraedd y Ddaear. 'Maha, dydy capsiwl ddim yn ffordd hawdd o deithio. Wnest ti ddim dŵad yma ar dy ben dy hun. Rwyt ti'n rhy ifanc i deithio ar draws y gofod heb help.'

Mi edrychodd Maha i fyny. 'Dach chi'n iawn,' meddai hi'n ddistaw. 'Dw i ddim yn medru hedfan llong ofod.'

'Pwy wnaeth hynny felly?'

'Fedra i ddim deud wrthoch chi.'

Roedd Gwyddno'n amyneddgar iawn. Gweinidog oedd o, felly roedd o wedi arfer delio efo pobl. 'Maha, rhaid i ni wybod pwy wnaeth dy helpu di. Os dan ni ddim yn gwybod, dan ni ddim yn medru helpu.'

Roedd Maha yn ddistaw. Wedyn, mi siaradodd hi. 'Yr ... y ...'

'Paid â phoeni. Rwyt ti'n saff,' meddai Anest yn ddistaw.

Mi edrychodd Maha arnyn nhw. Wedyn mi ddudodd hi. 'Urien, eich Ymerawdwr chi. Fo wnaeth fy helpu i.'

Mi safodd Gwydno'n gyflym. Mi edrychodd o ar Maha yn **bryderus**. Wedyn, mi edrychodd o ar Anest. Mi edrychodd y gwarchodwyr arnyn nhw i gyd.

'Urien?' meddai Anest. 'Dydy hynny ddim yn bosib!'

Mi edrychodd Maha i lawr eto. 'Ydy, mae o'n bosib. Mi ges i neges oddi wrtho fo wythnosau 'nôl. Roedd o'n gwybod fy mod i isio gadael. Roedd o isio fy helpu i. Felly, mi anfonodd o **ysbiwyr** i chwilio amdana i.'

'Ysbiwyr?'

'Ia. Mae 'na lawer o ysbiwyr o'r Ddaear ar Kalkia.'

Mi wnaeth Gwyddno roi ei law ar ei ben a cherdded o gwmpas yr ystafell. Felly, roedd yr Ymerawdwr wedi helpu plentyn o Kalkia i adael. Doedd o ddim yn dallt pam. 'Mae hyn yn anhygoel,' meddai fo, gan ochneidio.

Ar ôl munud bach o **ddistawrwydd**, mi siaradodd Maha eto. 'Wel, a deud y gwir, mae mwy na hynny,' meddai hi'n araf.

Mi wnaeth Gwyddno droi i edrych ar Maha. 'Be arall sy ganddi hi i ddeud?' meddyliodd. Wedyn, mi ofynnodd o, 'A be ydy hynny?'

Mi edrychodd Maha **i fyw ei lygaid o**. 'Fy nhad i.'

'Be am dy dad di?' gofynnodd Gwyddno'n ddistaw.

'Fy nhad i ydy Ymerawdwr y Kalkiaid.'

Adolygu Pennod 2

Crynodeb

Mae'r hogan yn y capsiwl yn deffro. Mae doctor yn edrych ar yr hogan. Mae o'n deud ei bod hi'n iawn. Mae'r hogan yn dechrau siarad. Ei henw hi ydy Maha. Mae hi'n dod o Kalkia. Mae hi'n 13 mlwydd oed. I ddechrau, mae Maha yn deud ei bod hi wedi gadael achos ei rhieni hi. Wedyn, mae hi'n rhoi rheswm arall. Mae hi'n poeni bod y Kalkiaid yn mynd i farw achos y rhyfel. Wedyn, mae Gwyddno'n gofyn sut daeth Maha i'r Ddaear. Urien wnaeth ei helpu hi, meddai hi. Wedyn mae hi'n esbonio ei bod hi'n ferch i Ymerawdwr Kalkia.

Geirfa

ymwybodol conscious
cysglyd sleepy
cyffur (-iau) *eg* drug
brifo to hurt
fama here (*S. form* **fan hyn**)
anwybyddu to ignore
dallt to understand (*S. form* **deall**)
gadael cartref to leave home
mae rhywbeth o'i le there's something wrong
yn bendant definitely
pwyllog level-headed, measured
ochneidio to sigh, to groan
goroesi to survive
effeithio ar to have an effect on
pryderus anxious, worried, apprehensive
ysbïwr (ysbïwyr) *eg* spy
distawrwydd quietness, silence (*S. form* **tawelwch**)
(edrych) i fyw llygaid to look someone straight in the eye

Cwestiynau Darllen a Deall

Dewiswch un ateb yn unig ar gyfer pob cwestiwn.

6) I ddechrau, mae Maha _____.
   a. yn gwrthod siarad
   b. yn nerfus iawn
   c. yn siarad llawer
   ch. isio siarad efo'i thad hi

7) Mae Maha yn esbonio ei bod hi _____.
   a. wedi rhedeg i ffwrdd
   b. wedi gorfod gadael ei chartref hi
   c. ar goll
   ch. ddim yn gwybod lle mae ei chartref hi

8) Mae Maha hefyd yn deud _____.
   a. bod ei theulu hi'n ei charu hi'n fawr iawn
   b. ei bod hi ddim yn nabod ei rhieni
   c. ei bod hi'n caru ei gofalwyr yn fawr iawn
   ch. ei bod hi ddim yn hapus efo'i rhieni hi

9) Pan mae Gwyddno yn gofyn pwy wnaeth ei helpu hi, mae Maha yn deud bod _____.
   a. Ymerawdwr Kalkia wedi ei helpu hi
   b. Urien wedi dod i chwilio amdani hi
   c. Urien wedi anfon ysbiwyr o'r Ddaear
   ch. ysbiwyr Kalkia wedi ei helpu hi

10) Pam ddylai'r hogan ddim aros ar y Ddaear?
   a. Mae gynni hi ofn.
   b. Hi ydy merch Ymerawdwr Kalkia.
   a. Ysbïwr o Kalkia ydy hi.
   ch. Mae Gwyddno isio iddi hi fynd adra.

Pennod 3 – Y Gwir

Doedd Gwyddno ddim yn medru credu'r peth. Merch Ymerawdwr Kalkia oedd Maha! Basai'r hogan yn medru achosi trafferth mawr drwy'r byd! Dim ond achos ei bod hi'n unig? Achos ei bod hi'n meddwl bod yr Ymerawdwr Urien yn dallt ei phroblemau hi? **Am lanast**!

Wedyn, sylweddolodd Gwyddno rywbeth. Dim bai Maha oedd y broblem yma. Doedd hi ddim yn dallt be oedd hi wedi'i wneud. Roedd hi'n drist, dyna i gyd. Mi wnaeth dyn o'r enw Urien ei helpu hi. *Fo* oedd y broblem – yr Ymerawdwr! Fo oedd ar fai. Be oedd ei **gynllun** o? Roedd rhaid i Gwyddno gael gwybod.

Mi adawodd Gwyddno dŷ Anest. Mi aeth o i mewn i gerbyd a gyrru i'r brifddinas. Pan oedd o yno, mi aeth o'n syth i swyddfa'r Ymerawdwr. Yn sydyn, mi wnaeth gwarchodwr ei stopio fo. 'Does gen ti ddim **hawl** i fynd i mewn,' meddai'r gwarchodwr.

Mi gafodd Gwyddno sioc. 'Dim hawl? Rhaid i mi siarad efo Urien. Wyt ti'n gwybod pwy dw i? Dw i'n weinidog!'

'Dyna orchymyn yr Ymcrawdwr. Dim mynediad i ti, Gwyddno.'

Roedd Gwyddno'n **pendroni** beth i wneud nesa. Roedd rhaid iddo fo siarad efo'r Ymerawdwr Urien. Heb feddwl, mi wnaeth Gwyddno daro'r gwarchodwr ar ei ben o. Mi **syrthiodd** y gwarchodwr ar y llawr. Mi wnaeth Gwyddno afael yn arfau'r gwarchodwr a mynd i mewn i swyddfa Urien.

Roedd yr Ymerawdwr yn ei gadair o. Roedd o'n edrych yn **flinedig**. 'Gwyddno, be wyt ti isio?' ochneidiodd o.

'Pam do'n i ddim yn gwybod unrhyw beth am y plentyn?'

'Pa blentyn?'

'Ymerawdwr, dw i ddim yn dwp.'

Stopiodd Urien. 'Iawn, dim mwy o actio. Be wyt ti isio'i wybod?'

'Pam mae merch Ymerawdwr Kalkia yma? Pam wnest ti hynny?' Wedyn, dudodd mewn llais uwch, 'Dan ni ddim i fod i ddefnyddio plant!'

Mi safodd Urien ar ei draed. Wedyn, mi waeddodd o, 'Dan ni ddim i fod i golli rhyfeloedd!'

Mi edrychodd Gwyddno ar Urien. Wedyn, mi ofynnodd o, 'Pam wnest ti ddim deud wrtha i?'

'Wnes i ddim deud am un rheswm yn unig.'

'A be oedd hwnna?'

Mi edrychodd yr Ymerawdwr i lawr. 'Ro'n i'n gwybod faset ti ddim yn cytuno,' atebodd o. 'Do'n i ddim isio i ti **ddylanwadu** ar fy **mhenderfyniad** i.' Roedd Urien yn iawn. Wrth gwrs fasai Gwyddno ddim isio plentyn yn rhan o'r rhyfel. Roedd hynny'n ofnadwy.

'Be wyt ti'n mynd i wneud efo hi?' gofynnodd Gwyddno wedyn.

'Efo Maha? Dan ni'n mynd i edrych ar ei hôl hi! Dim ond plentyn ydy hi,' meddai'r Ymerawdwr.

Doedd Gwyddno ddim yn credu Urien. 'Dim dyna o'n i'n feddwl,' meddai fo wedyn. 'Be sy'n mynd i ddigwydd? Be wnaiff y Kalkiaid pan fyddan nhw'n dod i wybod am hyn? Wnaiff hi gael ei brifo?'

'Maen nhw'n gwestiynau da. Pob un ohonyn nhw,' atebodd yr Ymerawdwr yn bwyllog.

Mi edrychodd Gwyddno ar yr Ymerawdwr. Doedd o ddim yn mynd i dderbyn ateb hawdd.

Mi ddechreuodd yr Ymerawdwr siarad eto. 'Mae'r Kalkiaid yn gwybod bod Maha wedi rhedeg i ffwrdd.' Wedyn, mi wnaeth o **ddistewi**. 'Ond dydyn nhw ddim yn gwybod i ba blaned aeth hi. A dydyn nhw ddim yn gwybod bod ysbiwyr o'r Ddaear wedi ei helpu hi. Felly, dydyn nhw ddim yn gwybod unrhyw beth a deud y gwir.' Mi edrychodd o ar Gwyddno'n ofalus. Roedd yr Ymerawdwr isio gweld sut roedd Gwyddno'n teimlo.

'Ac os byddan nhw'n sylweddoli dy fod ti wedi helpu Maha?'

'Wnân nhw ddim. Mae'n amhosib. Wnaiff yr ysbiwyr ddim deud. Does neb yn fama yn gwybod ... heblaw amdanat ti.'

Stopiodd Gwyddno i feddwl. 'Ond pam?' gofynnodd o. Doedd o ddim yn medru dallt **rhesymeg** yr Ymerawdwr. 'Pam wnest ti ddefnyddio plentyn bach? Pam wnest ti fynd â hi oddi wrth ei rhieni hi?'

'Achos pwy ydy ei rhieni hi,' atebodd Urien. Mi edrychodd yr Ymerawdwr ar Gwyddno fel tasai o'n

wirion. 'Dwyt ti ddim yn gweld y **manteision**? Rŵan mae gynnon ni ferch yr Ymerawdwr. Mi fedrwn ni ei defnyddio hi. I reoli Ymerawdwr Kalkia. I gael pŵer. I gael unrhyw beth, a deud y gwir.'

Mi edrychodd Urien ar Gwyddno eto. Oedd ei eiriau o'n dylanwadu ar Gwyddno o gwbl? Doedd dim emosiwn ar wyneb Gwyddno.

'Wyt ti'n dallt rŵan?' meddai fo wedyn. 'Mi fedrwn ni ddefnyddio Maha i gael be bynnag dan ni isio. Mae Ymerawdwr Kalkia yn ein dwylo ni. Dim ond achos bod ei hogan fach wirion isio mwy o **sylw**!' Mi chwarddodd Urien yn uchel. Ond roedd y sŵn chwerthin yn **oeri** calon Gwyddno.

Mi edrychodd Gwyddno ar Urien. Roedd Gwyddno'n arfer ei **barchu** o. Roedd o'n ddyn pwysig iawn i Gwyddno. Ond rŵan, roedd o'n gwneud i Gwyddno deimlo'n sâl. Roedd Urien yn defnyddio plentyn i gael be oedd o isio.

Mi wenodd Gwyddno a deud, 'Dw i'n dallt yn glir rŵan, Ymerawdwr. Diolch.'

Mi wnaeth Gwyddno droi a gadael swyddfa'r Ymerawdwr. Mi gerddodd o'n gyflym drwy strydoedd y brifddinas.

Doedd Gwyddno ddim yn hoffi'r sefyllfa yma. Ond doedd o ddim yn medru dangos hynny. Tasai'r Ymerawdwr yn gwybod ei fod o yn ei erbyn o, basai Gwyddno'n cael ei ladd. Mi feddyliodd Gwyddno am amser hir. Basai un person yn medru ei helpu o – ac un person yn unig. Fasai Urien ddim yn medru dylanwadu ar y person yma. Roedd rhaid iddo fo siarad efo hi.

Mi wnaeth Gwyddno gymryd un o gerbydau'r llywodraeth. Mi yrrodd o'n gyflym i fferm Anest. Mi wnaeth o guro ar ei drws hi. 'Anest! Wyt ti yma?'

Mi agorodd Anest y drws. 'Ydw,' atebodd hi. 'Be sy'n bod?'

'Ydy'r hogan yn dal yna?' gofynnodd Gwyddno.

'Ydy, wrth gwrs. Dydyn nhw ddim wedi mynd â hi i'r brifddinas eto.'

'Da iawn,' atebodd Gwyddno.

'Ond mae cerbyd ar y ffordd,' ychwanegodd hi.

'O. Wel, does dim llawer o amser, felly. Rhaid i ni frysio,' meddai fo'n nerfus. '**Dos** â fi ati hi.'

Mi gerddodd Gwyddno ac Anest i'r ystafell wely. Roedd yr hogan yn cysgu'n ddistaw. 'Rhaid i ni fynd,' meddai fo.

'Mynd? I le?' gofynnodd Anest.

Mi edrychodd Gwyddno o gwmpas. Doedd o ddim yn medru gweld unrhyw un. 'Lle mae'r gwarchodwyr?'

'Maen nhw wrth y capsiwl.'

'Da iawn,' meddai Gwyddno. 'Dyma'n cyfle ni.'

'Ein cyfle ni?' gofynnodd Anest. Roedd hi'n edrych yn **ddryslyd**.

'I fynd â Maha i ffwrdd,' atebodd Gwyddno.

Mi eisteddodd Anest. Mi edrychodd hi ar Maha. Roedd yr hogan yn edrych yn gyfforddus am y tro cynta. 'Rwyt ti isio mynd â Maha allan o'r brifddinas?'

'Nac ydw, dw i isio mynd â hi o'r blaned yma.'

'Be?' meddai Anest. 'Pam?'

'Mae Maha'n hogan fach ddryslyd ac unig. Mae'r Ymerawdwr Urien eisiau i ni ddefnyddio Maha i ddylanwadu ar Ymerawdwr Kalkia.'

Mi esboniodd Gwyddno beth oedd cynlluniau'r Ymerawdwr Urien. Doedd Anest ddim yn medru credu'r peth. 'Wyt ti'n gweld rŵan?' gofynnodd Gwyddno. 'Dw i ddim isio iddyn nhw frifo Maha. Os wnawn ni ddim mynd â hi adre, fydd dim gobaith iddi hi.'

'Ni?'

'Ni. Rhaid i ni fynd â hi i Kalkia. Fedra i ddim gwneud hyn ar fy mhen fy hun, Anest. Rhaid i mi gael dy help di.'

Mi feddyliodd Anest am funud. Mi edrychodd hi ar yr hogan fach. Wedyn, mi edrychodd hi drwy'r ffenest ar ei fferm hi. Yna, mi edrychodd hi ar Gwyddno a deud, 'Be sy gen i i'w golli?'

Mi ddudodd Anest wrth Maha eu bod nhw'n mynd i'r brifddinas. Aethon nhw i gyd i mewn i gerbyd Gwyddno. Mi yrrodd Gwyddno am oriau. Roedd yr orsaf ofod agosa yn bell i ffwrdd. Mi gysgodd Maia ar y ffordd.

Ar ôl iddyn nhw gyrraedd, mi ddudodd Gwyddno wrth y swyddogion diogelwch eu bod nhw ar daith fusnes gyfrinachol i'r llywodraeth. Mi wnaeth y gwarchodwyr addo cadw'r gyfrinach.

Mi wnaeth Anest a Gwyddno gario Maha i long ofod. Mi wnaethon nhw adael yr orsaf heb broblem. Pan oedd y roced yn **tanio**, mi ddeffrodd Maha. Doedd hi ddim yn hapus. Roedd Gwyddno'n teimlo **bechod** drosti hi. Ond roedd o'n gwybod eu bod nhw'n gwneud y peth iawn.

Roedd hi'n daith hir drwy'r gofod. Ar ôl llawer o wythnosau, roedd y llong ofod yn **agosáu** at blaned Kalkia. Mi siaradodd Gwyddno ar y radio, 'Llong Ddaear 12913. Rhaid i mi siarad efo Ymerawdwr Kalkia. Y Gweinidog Gwyddno sy'n siarad. Daearwr dw i.'

Daeth y radio'n fyw. 'Pam dach chi isio siarad efo Ymerawdwr Kalkia?' gofynnodd gwarchodwr.

'Mae gynnon ni ei ferch o.'

Roedd y radio'n ddistaw.

Yn sydyn, gwelodd Gwyddno **rybudd** ar sgrin ei gyfrifiadur o. Roedd **unedau milwrol** Kalkia ar y ffordd. Arhoson nhw wrth ymyl y llong ofod. Yn sydyn, mi ddaeth y radio'n fyw unwaith eto. 'Rhowch Maha i ni. Neu byddwch chi'n marw,' meddai llais.

'Dach chi ddim yn mynd i'n **lladd** ni,' meddai Gwyddno'n bendant. 'Dw i isio siarad efo'ch ymerawdwr chi.' Wedyn, mi ychwanegodd o, 'Rŵan.'

Eto, distawodd y radio.

Ar ôl llawer o funudau, daeth llais pwerus ar y radio. 'Dyma Ymerawdwr Kalkia,' cyhoeddodd y llais. 'Rhowch fy merch i mi,' meddai, 'Ac mi gewch chi gadw eich bywydau.'

'Mi wnawn ni roi Maha i chi ar un **amod**,' atebodd Gwyddno.

Roedd pawb yn ddistaw.

'Be ydy o?' meddai'r llais.

'Mae'n rhaid cael heddwch rhwng y Ddaear a Kalkia.'

Roedd yr Ymerawdwr yn ddistaw am amser hir. 'Pam ddylwn i dy gredu di?'

'Achos ein bod ni wedi dŵad â dy ferch di adra,' atebodd Gwyddno. 'Mae'r rhyfel wedi bod yn anodd i bawb. Dw i'n gwybod hynny. Meddyliwch am y problemau economaidd. Meddyliwch am y **newyn** a'r boen. Mae ein bydoedd ni'n mynd i farw. Rhaid i hyn orffen.'

Roedd y radio'n ddistaw eto. O'r diwedd, mi ddaeth y llais yn ôl. Roedd o'n fwy distaw rŵan. 'Dw i'n cytuno,' ochneidiodd yr Ymerawdwr. 'A dw i'n derbyn yr amod. Rhowch fy merch i mi ac mi wnawn ni weithio efo'n gilydd i gael heddwch.'

Adolygu Pennod 3

Crynodeb

Mae Gwyddno'n siarad efo'r Ymerawdwr Urien. Mi fydd Urien yn defnyddio Maha i ymladd yn erbyn y Kalkiaid. Dydy Gwyddno ddim yn cytuno efo'i gynllun o ond dydy o ddim yn deud hynny wrth Urien. Mae o'n mynd yn ôl i fferm Anest. Mae o ac Anest yn cynnig mynd â Maha i long ofod. Maen nhw'n teithio i Kalkia. Rhaid iddyn nhw siarad efo Ymerawdwr Kalkia. Maen nhw'n cynnig rhoi Maha iddo fo, ond rhaid iddyn nhw gytuno i gael heddwch. Maen nhw'n cytuno. O'r diwedd mae'r rhyfel yn gorffen.

Geirfa

am lanast what a mess (*exclamation*)

cynllun (-iau) *eg* plan

hawl (-iau) *eg/b* right, entitlement

pendroni to ponder, to think about

syrthio to fall (*S. form* **cwympo**)

blinedig tired

dylanwadu (ar) to influence

penderfyniad (-au) *eg* decision

distewi to quieten, to become silent (*S. form* **tawelu**)

rhesymeg *eb* logic

gwirion daft, silly (*S. form* **twp**)

mantais (manteision) *eb* advantage

sylw *eg* attention

oeri to chill, to cool

parchu to respect

dos go (*command form; S. form* **cer**)

dryslyd confused

tanio to fire, to ignite

bechod shame, pity (*S. form* **trueni**)

agosáu to approach, to draw near

rhybudd (-ion) *eg* warning

uned filwrol (unedau milwrol) *eb* military unit

lladd to kill

amod (-au) *eg* condition, proviso

newyn (-au) *eg* famine, starvation, hunger

Cwestiynau Darllen a Deall

Dewiswch un ateb yn unig ar gyfer pob cwestiwn.

11) Ar ôl gadael y fferm, mae Gwyddno'n mynd _____.

    a. i fwyty

    b. i'r capsiwl

    c. i'r brifddinas

    ch. adra

12) Mae Gwyddno'n sylweddoli bod Urien, yr Ymerawdwr, _____.

    a. yn deud celwydd

    b. isio heddwch

    c. yn deud y gwir bob amser

    ch. yn ffrind i Ymerawdwr Kalkia

13) Mae Gwyddno'n bwriadu _____.

    a. mynd â'r plentyn 'nôl i Kalkia

    b. aros efo'r plentyn

    c. lladd y plentyn

    ch. gwneud dim byd

14) Mae Maha _____.
    a. yn hapus achos ei bod hi'n mynd adra
    b. yn anhapus achos ei bod hi ar y Ddaear
    c. isio ffonio ei rhieni hi
  ch. yn anhapus achos ei bod hi'n mynd adra

15) Pan mae Gwyddno'n siarad efo Ymerawdwr Kalkia, mae o'n gofyn am _____.
    a. arian
    b. heddwch
    c. swydd
  ch. gyfle i aros ar Kalkia

Allwedd yr Atebion

Yr Empanada Wallgo: *Pennod 1:* 1. a, 2. b, 3. ch, 4. c, 5. b; *Pennod 2:* 6. ch, 7. b, 8. c, 9. a, 10. c; *Pennod 3:* 11. c, 12. c, 13. ch, 14. ch, 15. b; *Pennod 4:* 16. c, 17. ch, 18. a, 19. c, 20. a

Antur yn Eryri: *Pennod 1:* 1. b, 2. a, 3. ch, 4. ch, 5. b; *Pennod 2:* 6. ch, 7. ch, 8. c, 9. a, 10. b; *Pennod 3:* 11. c, 12. ch, 13. ch, 14. a, 15. c

Y Marchog: *Pennod 1:* 1. b, 2. b, 3. ch, 4. c, 5, b; *Pennod 2:* 6. a, 7. a, 8. b, 9. c, 10. ch; *Pennod 3:* 11. c, 12. b, 13. c, 14. c, 15. a

Yr Oriawr: *Pennod 1:* 1. a, 2. c, 3. ch, 4. c, 5, b; *Pennod 2:* 6. a, 7. c, 8. a, 9. b, 10. b; *Pennod 3:* 11. c, 12. b, 13. b, 14. ch, 15. b

Y Gist: *Pennod 1:* 1. c, 2. b, 3. a, 4. ch, 5, c; *Pennod 2:* 6. a, 7. a, 8. b, 9. a, 10. ch; *Pennod 3:* 11. c, 12. c, 13. ch, 14. b, 15. b

Tir Estron: *Pennod 1:* 1. b, 2. a, 3. ch, 4. c, 5, ch; *Pennod 2:* 6. c, 7. b, 8. ch, 9. a, 10. ch; *Pennod 3:* 11. c, 12. c, 13. c, 14. c, 15. b

Lowri, Y Ddynes Anweledig: *Pennod 1:* 1. a, 2. b, 3. c, 4. c, 5, c; *Pennod 2:* 6. a, 7. b, 8. c, 9. c, 10. a; *Pennod 3:* 11. ch, 12. b, 13. b, 14. a, 15. c

Rhyfel y Planedau: *Pennod 1:* 1. c, 2. b, 3. b, 4. ch, 5, ch; *Pennod 2:* 6. b, 7. a, 8. ch, 9. c, 10. b; *Pennod 3:* 11. c, 12. a, 13. a, 14. ch, 15. b

Rhestr Termau

A

achlysur (-on) *eg* occasion

achosi to cause

adnewyddu to renovate, to restore, to renew

adnodd (-au) *eg* resource

adran gynhyrchu production department

addo to pledge, to promise

afiechyd (-on) *eg* disease

agosáu to approach, to draw near

anghredadwy incredible, unbelievable

anghyfforddus uncomfortable, uneasy

am lanast what a mess (*exclamation*)

am ryddhad what a relief (*exclamation*)

amddiffyn to defend, to protect

amgylchedd (-au) *eg* environment

amheus suspicious

amod (-au) *eg* condition, proviso

amrywiaeth *eb* variety, diversity

amser maith yn ôl a long time ago

anarferol unusual

anelu am to aim for

anferth huge, massive

annibynnol independent

annisgwyl unexpected

annog to encourage

anogaeth *eb* encouragement

anrhydeddus honourable

anweledig invisible

anwybyddu to ignore

anymwybodol unconscious

ar bwys near, by (*N. form* **wrth ymyl**)

ar hyd along

arbed to save (time)

archwilio to examine, to inspect

arf (-au) *eg* weapon

arferol usual, normal, regular

argymell to recommend

arian *eg* money (*N. form* **pres** *eg*)

arth (eirth) *eb* bear

arwain to lead

arweinydd (arweinwyr) *eg* leader

asiantaeth (-au) *eb* agency

atgoffa to remind

awel *eb* breeze

awgrymu to suggest

awyddus eager, keen

B

balch glad

bant â ni off we go (*N. form* **i ffwrdd â ni**)

bechod shame, pity (*S. form* **trueni**)

benyw (-od) *eb* female

blawd *eg* flour

blinedig tired

blwch ffôn *eg* (*Br. Eng.*) phonebox, (*Am. Eng.*) telephone booth

bod (-au) dynol *eg* human being

bodoli to exist

bradychu to betray

brifo to hurt

brwydr (-au) *eb* battle

brwydro to battle

buddsoddiad (-au) *eg* investment

bwriadu to aim, to intend, to mean

bwtler (-iaid) *eg* butler

C

cadw draw to keep away

cael gwared ar to get rid of

cael llond bol to be fed up (*S. form* **cael llond bola**)

camera (camerâu) diogelwch *eg* security camera

camu to step

cannwyll (canhwyllau) *eb* candle

canolig average, medium

canon (-au) *eg* cannon

canran (-nau) *eb* percentage

cariadus loving

cefnogaeth *eb* support

celwydd (-au) *eg* lie, untruth

cer go (*command form; N. form* **dos**)

cerbyd (-au) *eg* vehicle

cipio to snatch, to grab

cist (-iau) *eb* chest (furniture), cabinet, box

clên friendly, agreeable (*S. form* **cyfeillgar**)

cludo to transport, to haul, to ship

cnwd (cnydau) *eg* crop

cochi to blush

codiad (-au) cyflog *eg* pay rise

codi ofn (ar) to frighten

cofiadwy memorable

cofleidio to embrace

cogio to pretend (*S. form* **esgus**)

crac angry (*N. form* **blin**)

crwn round (in shape)

crwydro to wander

crynu to shake

cul narrow

cwffio to fight (*S. form* **ymladd**)

cwrdd â to meet with (*N. form* **cyfarfod â**)

cychwyn to start, to commence

cydbwysedd *eg* balance, equilibrium

cyd-ddigwyddiad (-au) *eg* coincidence

cyfagos nearby, adjacent

cyfarfod to meet (*S. form* **cwrdd**)

cyflawni to accomplish, to achieve, to complete

cyflenwad (-au) *eg* supply

cyflwr (cyflyrau) *eg* condition, state

cyfnewidiol changeable

cyfraith (cyfreithiau) *eb* law

cyfrannu at to contribute towards

cyfrif (-on) *eg* account

cyfrinach (-au) *eb* secret

cyfrinachol secret, confidential

cyffredin ordinary, common

cyffur (-iau) *eg* drug

cyffwrdd (â) to touch

cyhyr (-au) *eg* muscle

cyllid (-au) *eg* finance, revenue

cymhleth complicated

cymodi to reconcile

cymysgu â'i gilydd to mix with each other

cyn-bennaeth ex-chief, former head

cynhyrchu to produce

cynilo to save (money)

cynllun (-iau) *eg* plan

cynnau to light, to ignite

cynrychioli to represent

cysglyd sleepy

CH

chwaeth (-au) *eb* taste (in clothes etc.)

chwedl (-au) *eb* legend, tale, myth

chwifio to wave

D

dadlwytho to unload

dallt to understand (*S. form* **deall**)

dan ei sang full to capacity

darganfod to discover

datrys to solve

deall to understand (*N. form* **dallt**)

defnydd (-iau) *eg* fabric

deffro to wake up (*S. form* **dihuno**)

dere come (*command form*; *N. form* **tyrd**)

deuddydd *ell* two days

deunydd (-iau) *eg* material

diamynedd impatient

dianc to escape

diflannu to disappear, to vanish

difrifol serious

dihuno to wake up (*N. form* **deffro**)

dim byd tebyg i nothing similar to, not at all alike

dinistrio to destroy

diod (-ydd) egni *eb* energy drink

dioddef to suffer

dirgel mysterious, cryptic

dirprwy (-on) *eg* deputy, delegate

disgleirio to shine

distaw quiet (*S. form* **tawel**)

distawrwydd quietness, silence (*S. form* **tawelwch**)

distewi to quieten, to become silent (*S. form* **tawelu**)

diweddarach later

dod i'r golwg to come into sight, to become visible

does dim byd o'i le there's nothing wrong

dos go (*command form; S. form* **cer**)

dryslyd confused

duw (-iau) *eg* god

dŵad to come (*S. form* **dod**)

dwfn deep

dwyn to steal

dychmygu to imagine

dylanwadu (ar) to influence

dylunydd (dylunwyr) *eg* designer

dynes (menywod) *eb* female, woman (*S. form* **menyw** *eb*)

E

edrych i fyw llygaid to look someone straight in the eye

efallai maybe, perhaps (*N. form* **ella**)

effeithio ar to have an effect on

elfen (-nau) *eb* element

elw *eg* profit

ella maybe, perhaps (*S. form* **efallai**)

empanada filled pastry snack, popular in Argentina

enwedig especially

er gwaetha despite

ers amser maith for a long time

ers talwm for a long time (*S. form* **ers llawer dydd**)

esboniad (-au) *eg* explanation

esgus to pretend (*N. form* **cogio**)

estron alien, foreign

estyn to reach (out), to extend

ethol to elect

F

fama here (*S. form* **fan hyn**)

FF

ffawd *eb* fate, fortune, luck

ffiaidd foul, disgusting

ffon (ffyn) stick

fforio to explore

fforiwr (fforwyr) *eg* explorer

ffraeo to argue (*S. form* **cweryla**)

ffurfio to form

ffurfiol formal

ffynnon (ffynhonnau) *eb* fountain, well

G

gad i fi let me, allow me (to do something)

gadael cartref to leave home

gadewch lonydd i fi leave me alone

gafael (yn) to grasp, to clutch, to hold

gan gynnwys including

garw rough

glan (-nau) *eb* bank, side

glanio to land

go iawn real, not imitation

goleuo to light up

golosg (-ion) *eg* charcoal

golwg ryfedd strange look

gollwng to drop

gorflinder *eg* exhaustion

gorflino to overtire

gorfodi to force

gorffwys to rest

goroesi to survive

gorwel (-ion) *eg* horizon

gradd (-au) *eb* degree

gwallgo mad, crazy

gwarchodwr (gwarchodwyr) *eg* minder, bodyguard

gwasanaethu to serve

gwasgod (-au) *eb* waistcoat

gwastad flat, level

gweddill (-ion) *eg* remainder, rest (of something), surplus

gwefru to charge (a battery)

gwefrwr (gwefrwyr) *eg* charger

gweinydd (-ion) *eg* waiter

gweinyddol administrative

gweithdy (gweithdai) *eg* workshop

gweladwy visible

gwerthfawr precious, valuable

gwerthfawrogi to appreciate

gwerthiant (gwerthiannau) *eg* sale

gwestai (gwesteion) *eg* guest

gwirfoddolwr (gwirfoddolwyr) *eg* volunteer

gwirion daft, silly (*S. form* **twp**)

gwladychu to colonise

gwleidyddiaeth *eb* politics

gwleidyddol political

gwryw (-od) *eg* male

gwyddonias science fiction

gyda'i lygaid ei hun with his own eyes

gyrfa (-oedd) *eb* career

H

hances (-i) *eb* handkerchief

hawl (-iau) *eg/b* right, entitlement

heblaw amdanaf i apart from me

hediad (-au) *eg* flight

heddwch *eg* peace

heddychlon peaceful

helfa (helfeydd) *eb* hunt

heliwr (helwyr) *eg* hunter

hen bryd high time, past the time when something should have happened

hen dric sâl a bad joke (*S. form* **hen dric gwael**)

her (-iau) *eb* challenge

herio to challenge

hogan (genethod) *eb* girl (*S. form* **merch** *eb*)

hon this (*with reference to a feminine noun*)

honna that (*with reference to a feminine noun*)

hud *eg* magic

hwn this (*with reference to a masculine noun*)

hwnna that (*with reference to a masculine noun*)

I

i fyny up (*S. form* **lan**)

ildio to give up, to surrender, to yield

isio to want (*S. form* **eisiau**)

L

lan up (*N. form* **i fyny**)

lifft (-iau) *eb* (*Br. Eng.*) lift, (*Am. Eng.*) elevator

lori (loriau) *eb* (*Br. Eng.*) lorry, (*Am. Eng.*) truck

LL

llachar bright, dazzling

lladd to kill

llefain to cry (*N. form* **crio**)

lletchwith awkward (*N. form* **chwithig**)

llogi to hire

llong ofod (llongau gofod) *eb* spaceship

llu (-oedd) arfog *eg* armed force

llwch *eg* dust

llwyn (-i) *eg* bush, grove, shrub

llwyth (-au) *eg* load

Llychlynwr (Llychlynwyr) *eg* Viking

llydan wide

llym strict

llyw (-iau) *eg* helm, rudder, steering wheel

llywodraeth (-au) *eb* government

M

mabwysiadu to adopt

maddau to forgive

mae rhywbeth o'i le there's something wrong

mae'n rhaid it must be

mantais (manteision) *eb* advantage

marchog (-ion) *eg* knight

masnachwr (masnachwyr) *eg* merchant

medru to be able to (*S. form* **gallu**)

medrus skilful

medd (someone) says

mesur to measure

milwr (milwyr) *eg* soldier

modrwy (-on) *eb* ring (for a finger)

moment *eb* moment

mor wael â hynny as poorly/ badly as that

Môr y Caribî Caribbean Sea

môr-leidr (môr-ladron) *eg* pirate

mwclis *ell* necklace

myfyriwr (myfyrwyr) cyfnewid *eg* exchange student

mynnu to insist

N

nawr now (*N. form* **rŵan**)

nerth *eg* strength

nerth ei thraed as fast as she could

newyn (-au) *eg* famine, starvation, hunger

nodio to nod

O

o ddifri seriously

o safon uchel of a high standard, of good quality

o'r mawredd goodness (*exclamation*)

o'u blaen (-au) nhw in front of them

ochneidio to sigh, to groan

oddi ar from, off

oedi to pause, to delay

oeri to chill, to cool

ofnus scared, fearful

ôl troed (olion traed) *eg* footprint

on'd wyt ti? aren't you?

on'd yw hi? isn't she? (*N. form* **on'd ydy hi?**)

oriadurwr (oriadurwyr) *eg* watchmaker

P

paentiad (-au) *eg* painting

papur pennawd *eg* headed paper

parchu to respect

parhau to continue

pencadlys (-oedd) *eg* headquarters

penderfyniad (-au) *eg* decision

penderfynol determined

pendroni to ponder, to think about

penodol specific, particular

pentwr (pentyrrau) *eg* stack, pile

perchennog (perchnogion) *eg* owner

perthynas (perthnasoedd) *eb* relationship

perygl (-on) *eg* danger

peso Argentinian currency

petrusgar hesitant, faltering

piau to own

plygu to bend, to fold

pres *eg* money (*S. form* **arian** *eg*)

prinder (-au) *eg* shortage, scarcity
pryd hynny then, at that time
pryderus anxious, worried, apprehensive
pur pure
pŵer (pwerau) *eg* power
pwy a ŵyr? who knows?
pwyllog level-headed, measured

R
rŵan now (*S. form* **nawr**)

RH
rheolwr (rheolwyr) rhaglennu *eg* programming manager
rhesymeg *eb* logic
rhoi pwysau ar to put pressure on
rhwydwaith (rhwydweithiau) *eg* network
rhwyfo to row
rhybudd (-ion) *eg* warning
rhyddid *eg* freedom
rhyfeddol o hawdd amazingly easy
rhyfel (-oedd) *eg* war
rhyfelwr (rhyfelwyr) *eg* warrior

S
sach gefn (sachau cefn) *eb* backpack
saethu to shoot
safle bws *eg* bus stop

sefydlu to establish
sefyllfa (-oedd) *eb* situation
seiliedig ar based on
sgrôl (sgroliau) *eb* scroll
sgwennu to write (*S. form* **ysgrifennu**)
sibrwd to whisper
siesta (*Spanish*) afternoon nap
siglo to shake, to rock, to sway (*N. form* **ysgwyd**)
strategaeth (-au) *eb* strategy
strwythur (-au) *eg* structure
sŵn (synau) *eg* noise
swyddogol official
sylw *eg* attention
sylweddoli to realise
sylwi (ar) to notice
syn amazed, surprised
synnu to be surprised
synnwyr (synhwyrau) *eg* sense
syrthio to fall (*S. form* **cwympo**)

T
taliad (-au) bonws *eg* bonus payment
tanio to fire, to ignite
tawelwch *eg* quiet, quietness
teyrnas (-oedd) *eb* kingdom
tir (-oedd) *eg* land, terrain
torf (-eydd) *eb* crowd
tortsh (-ys) *eg* (*Br. Eng.*) torch, (*Am. Eng.*) flashlight
trafod to discuss
treth (-i) *eb* tax
trwchus thick, dense

trwyth (-au) *eg* tincture, infusion

trydanwr (trydanwyr) *eg* electrician

twyllo to trick, to cheat

twym hot (*N. form* **poeth**)

tynnu sylw to draw attention

tyrd come (*command form; S. form* **dere**)

tystiolaeth (-au) *eb* evidence

tywyllu to darken, to get dark

U

Un día loco (*Spanish*) a crazy day

uned filwrol (unedau milwrol) *eb* military unit

unedig united

W

wagen (-ni) *eb* wagon

wedi'i lapio wrapped

wrth ymyl near, by (*S. form* **ar bwys**)

Y

y tu ôl i behind

ymchwil *eg/b* research

ymddangos to appear

ymddwyn to behave

ymddygiad (-au) *eg* behaviour

ymerawdwr (ymerawdwyr) *eg* emperor

ymerodraeth (-au) *eb* empire

ymgeisio to apply

ymhen in, after (*in expressions of time*)

ymladd to fight (*N. form* **cwffio**)

ymosod (ar) to attack

ymosodiad (-au) *eg* attack

ymwybodol conscious

yn bendant definitely

yn gynhyrfus excitedly

yn hollol completely, wholly

yn llwyr totally

yn ôl y disgwyl as expected

yn y cyfamser in the meantime

yn y golwg in sight, visible

yr ail ganrif ar bymtheg the seventeenth century

Yr Ariannin *eb* Argentina

yr unfed ganrif ar hugain the twenty-first century

ysbïwr (ysbïwyr) *eg* spy

ysgrifen (ysgrifeniadau) *eb* writing

ysgwyd to shake (*S. form* **siglo**)

ystyried to consider

Acknowledgements

If my strength is in the ideas, my weakness is in the execution. I owe a huge debt of gratitude to the many people who have helped me take these books past the finish line.

Firstly, I'm grateful to Aitor, Matt, Connie, Angela and Maria for their contributions to the books in their original incarnation. To Richard and Alex for their support in expanding the series into new languages.

Secondly, to the thousands of supporters of my website and podcast, *StoryLearning.com*, who have not only purchased books but who have also provided helpful feedback and inspired me to continue.

More recently, to Sarah Cole, the Publishing Director for the *Teach Yourself* series, for her vision for this collaboration and unwavering positivity in bringing the project to fruition.

To Rebecca, almost certainly the best editor in the world, for bringing a staggering level of expertise and good humour to the project, and to Chloe, for her work in coordinating publication behind the scenes.

My eternal gratitude to the entire *StoryLearning* team, for helping us continue to grow in weird and wonderful ways, and reach so many language learners around the world. We're doing good work.

To my parents, for an education that equipped me for such an endeavour.

Lastly, to JJ and EJ. This is for you.

Olly Richards

Use *Teach Yourself Foreign Language Graded Readers* in the Classroom

The *Teach Yourself Foreign Language Graded Readers* are great for self-study, but they can also be used in the classroom or with a tutor. If you're interested in using these stories with your students, please contact us at learningsolutions@teachyourself.com for discounted education sales.

Want to easily incorporate extensive reading into your curriculum?

Check out the *Short Stories Teacher's Guide* from readers.teachyourself.com to get ready-made lesson plans, adaptable worksheets, audio, and activities for before, during and after reading.